Shakti Gawain

Reflexões De Luz

Pensamentos e Afirmações Inspiradoras
Para Cada Dia do Ano

Compilação
DENISE GRIMSHAW

Tradução
EUCLIDES LUIZ CALLONI
CLEUSA MARGÔ WOSGRAU

Editora Pensamento
SÃO PAULO

Copyright © 1988, 2003 Shakti Gawain
Copyright da edição brasileira © 2012 Editora Pensamento-Cultrix Ltda.
Texto de acordo com as novas regras ortográficas da língua portuguesa.
1ª edição 2012.
Publicado originalmente em inglês por New World Library, 14 Pararon Way, Novato, Califórnia, 94949 USA.

Todos os direitos reservados. Nenhuma parte deste livro pode ser reproduzida ou usada de qualquer forma ou por qualquer meio, eletrônico ou mecânico, inclusive fotocópias, gravações ou sistema de armazenamento em banco de dados, sem permissão por escrito, exceto nos casos de trechos curtos citados em resenhas críticas ou artigos de revistas.

Baseado em trechos de *Creative Visualization*, de Shakti Gawain, Copyright © 1978, 1995 Shakti Gawain, e *Living in the Light*, de Shakti Gawain e Laurel King, Copyright © 1986, 1998 Shakti Gawain e Laurel King.

Coordenação editorial: Denise de C. Rocha Delela e Roseli de S. Ferraz
Preparação de originais: Roseli de S. Ferraz
Revisão: Yociko Oikawa
Diagramação: Fama Editoração Eletrônica

Dados Internacionais de Catalogação na Publicação (CIP)
(Câmara Brasileira do Livro, SP, Brasil)

Gawain, Shakti
  Reflexões de luz : pensamentos e afirmações inspiradoras para cada dia do ano / Shakti Gawain ; compilação Denise Grimshaw ; tradução Euclides Luis Calloni. – São Paulo : Pensamento, 2012.

  Título original: Reflections in the light
  ISBN 978-85-315-1784-6
  1. Afirmações 2. Autoatualização (Psicologia) 3. Conduta de vida I. Grimshaw, Denise. II. Título.

12-01559   CDD-158.128

Índices para catálogo sistemático:
1. Reflexões para uma vida consciente :
   Psicologia aplicada 158.128

Direitos de tradução para o Brasil
adquiridos com exclusividade pela
EDITORA PENSAMENTO-CULTRIX LTDA.
Rua Dr. Mário Vicente, 368 — 04270-000 — São Paulo, SP
Fone: (11) 2066-9000 — Fax: (11) 2066-9008
E-mail: atendimento@editorapensamento.com.br
http://www.editorapensamento.com.br
que se reserva a propriedade literária desta tradução.
Foi feito o depósito legal.

Introdução

O propósito deste livro é oferecer ao leitor uma mensagem inspiradora, um recurso eficaz ou puramente um alimento substancioso que possa nutrir seu espírito todos os dias do ano. Esperamos que ele o ajude a suscitar as suas próprias reflexões, reações e ideias criativas.

Grande parte do material reunido em *Reflexões de Luz* foi extraída dos meus livros *Criative Visualization* e *Living in the Light*.*
Em muitos casos, as transcrições são literais, mas na maioria das vezes elas foram editadas ou ligeiramente alteradas para constituírem uma unidade específica para cada dia; algumas foram criadas exclusivamente para este livro.

O leitor que conhece e leu o que já escrevi terá neste livro uma forma prática de rever e relembrar conceitos e técnicas familiares. Para quem não leu os meus livros anteriores, procurei tornar a reflexão de cada dia clara e autoexplicativa. Mas caso ofereçam alguma dificuldade de compreensão terminológica ou conceitual, pode ser proveitoso ler os livros originais para chegar a um melhor entendimento.

Cada entrada tem uma espécie de epígrafe, uma breve mensagem ou meditação e uma afirmação. O modo mais fácil de usar

---

* *Visualização Criativa* e *Vivendo na Luz* (*fora de catálogo*), publicados respectivamente em 1990 e 1991 pela Editora Pensamento, São Paulo.

este livro é abri-lo em algum momento do dia, ler a mensagem e depois, ao longo do dia, repetir a afirmação para si mesmo.

Para o leitor que dispuser de mais tempo e manusear este livro como material para estudo diário, sugerimos o seguinte procedimento: leia a mensagem de cada dia pela manhã, medite sobre ela (ou faça o exercício indicado) e registre por escrito possíveis reações, sentimentos ou pensamentos que ela desperta, como ela se aplica à sua vida, e assim por diante. Se a afirmação lhe for especialmente atraente, escreva-a algumas vezes e lembre-se dela no decorrer do dia. Se ela não lhe despertar maior interesse, elabore a sua própria e use-a do mesmo modo. À noite, leia-a mais uma vez e escreva outros pensamentos ou experiências que você teve com relação ao tema abordado.

Alguns assuntos recorrem ao longo do livro. Há casos em que um determinado tema continua por vários dias ou mesmo durante um mês inteiro (por exemplo, o mês de março é dedicado à visualização criativa). Em outros casos, um tópico pode aparecer em um ou dois dias apenas e reaparecer com maior frequência meses mais tarde. Esperamos assim proporcionar continuidade e variedade ao longo do ano, qualquer que seja a data em que você comece a manusear o livro.

Todos nós que trabalhamos na composição deste livro estendemos nossos pensamentos amorosos até você, esperando que encontre nele um companheiro inspirador na sua jornada para um desenvolvimento sempre maior.

— Shakti Gawain

Agradecimentos

Eu gostaria de agradecer a Denise Grimshaw pela sua sensibilidade e criatividade e as muitas horas de pesquisa necessárias para coletar todas as mensagens e reuni-las de modo a favorecer a meditação diária ao longo de todo o ano.

Agradecimentos especiais também a Kathleen Holland por suas muitas sugestões e contribuições, sempre oportunas e criativas, e pelo meticuloso trabalho de edição e organização do manuscrito.

Agradeço ainda a Kathryn Altman a coordenação do projeto, a Marc Allen o apoio e estímulo, a Carol LaRusso e Katherine Dieter a edição e a ajuda em todos os aspectos, e a Elizabeth Preim a assistência na organização do manuscrito original.

Pela segunda edição, eu gostaria de agradecer a Georgia Hughes, Tona Pearce Myers e aos demais membros da equipe da New World Library.

Verão

1º de janeiro

Construindo um novo modo de vida

Estamos vivendo numa época de muita exaltação e frenesi. No nível mais profundo da consciência, uma transformação espiritual radical está em andamento. Na esfera mundial, estamos sendo estimulados a abandonar o nosso modo de vida atual e a criar outro totalmente novo. Estamos efetivamente no processo de deixar o nosso velho mundo para trás e de construir um mundo novo em seu lugar.

A mudança começa em cada pessoa, e como um número cada vez maior de pessoas está vivendo o processo de transformação, a influência sobre a consciência coletiva aumenta cada dia mais, com os resultados se manifestando no mundo ao nosso redor.

Construo a minha vida a cada dia.

2 de janeiro

À medida que o novo surge, o velho desaparece

Para muitas pessoas, os tempos atuais podem ser angustiantes porque a situação do mundo e da nossa vida pessoal parece estar indo de mal a pior. O que dava a impressão de estar indo bem parece estar se deteriorando.

Por mais dolorosas que possam às vezes parecer, essas mudanças fazem parte de uma "crise de cura" que está acontecendo no nosso mundo. A verdade nua e crua é que o velho modo de viver nunca nos trouxe a realização profunda, a satisfação e a alegria que sempre estivemos procurando. Precisamos abandonar as velhas formas que nos limitam e que perderam sua utilidade, de modo a podermos abrir espaço para o novo.

Abandono o velho e abro espaço para o novo.

3 de janeiro

Olhando para dentro de si

O velho mundo baseava-se na exterioridade. Chegamos a acreditar que o mundo material era a realidade única. Assim, sentindo-nos essencialmente perdidos, vazios e sozinhos, tentamos continuamente encontrar a felicidade no apego a coisas externas, como dinheiro, posses materiais, relacionamentos, trabalho, fama, comidas e drogas.

Hoje, quando começamos a nos lembrar do nosso vínculo espiritual fundamental, podemos voltar o olhar para dentro de nós mesmos e ali encontrar a fonte da nossa satisfação, alegria e realização.

Encontro minha conexão espiritual dentro de mim mesmo.

4 de janeiro

Volta ao jardim de infância

A nossa primeira tarefa na construção do mundo novo é admitir que a nossa "educação para a vida" não necessariamente nos ensinou um modo de viver adequado. Temos a vaga sensação de que deve haver algo mais, algum sentido mais profundo. Precisamos "voltar ao jardim de infância" e começar a aprender um modo de viver que seja oposto à forma como víamos as coisas antes — um modo de vida baseado na confiança na nossa verdade interior.

Estou aprendendo um novo modo de viver.

5 de janeiro

O poder criativo interior

O mundo novo se constrói à medida que nos abrimos para o poder superior do universo e permitimos conscientemente que a energia criativa flua através de nós. À medida que todos nós, individualmente, nos unimos à nossa consciência espiritual, descobrimos que o poder criativo do universo está dentro de nós. Também descobrimos que podemos criar a nossa própria realidade e assumir a responsabilidade por esse ato.

O poder criativo do universo flui por todo o meu ser.

6 de janeiro

Crie a sua vida como você quer que ela seja

Muitos de nós acreditamos que a vida é algo que nos acontece e que a única saída é fazer dela o melhor que nos seja possível. Essa é basicamente uma atitude de vítima, pela qual damos poder às pessoas e coisas fora de nós. Estamos começando a compreender que o poder está em nós, que podemos optar por criar a nossa vida do modo como queremos que ela seja.

Estou criando a minha vida como quero que ela seja.

7 de janeiro

Um mundo próspero

A terra tem mais do que o suficiente para sustentar a vida de todos os seres que nela habitam, bastando para isso que estejamos dispostos a abrir a mente para essa possibilidade e a mudar a nossa maneira de usar os recursos do mundo.

Todos nós podemos ser naturalmente prósperos, de modo equilibrado e harmonioso uns com os outros e com a terra que nos sustenta.

Crio uma prosperidade equilibrada e harmoniosa na minha vida.

8 de janeiro

*Abra os olhos para a bondade,
para a beleza e para a abundância*

Imagine-se uma pessoa bem-sucedida, satisfeita, próspera e realizada. Abra realmente os olhos para a bondade, para a beleza e para a abundância que estão ao seu redor. Imagine este mundo transformado num ambiente saudável e próspero em que todos possam se desenvolver.

Hoje encontro a realização, o sucesso e a prosperidade.

9 de janeiro

O vazio é preenchido a partir de dentro

Nos momentos de maior infelicidade, temos a forte sensação de que nos falta algo. Sentimos que a vida em geral e as pessoas em particular não estão nos dando o que precisamos. Tentamos desesperadamente agarrar o amor e a satisfação externos que tanto desejamos. De fato, porém, estamos sufocando-os.

O mundo novo sustenta-se sobre a confiança no universo dentro de nós. Reconhecemos que a inteligência criativa e a energia do universo são a fonte fundamental de todas as coisas. Conectando-nos com essa fonte e dela sorvendo, tudo é nosso. O vazio é preenchido a partir de dentro.

A fonte dentro de mim me preenche.

10 de janeiro

Nossa força orientadora

A partir do momento em que reconhecemos o poder superior do universo, a pergunta óbvia surge — "Como podemos entrar em contato com esse poder ou ter acesso a ele?" Podemos ter acesso à sabedoria que está em cada um de nós através do que chamamos de intuição. Aprendendo a nos comunicar com a nossa intuição, a ouvi-la e a agir conforme sua orientação, podemos entrar em contato direto com o poder superior do universo e deixar que ele se torne a nossa força orientadora.

O poder superior do universo orienta minha vida através da minha intuição.

11 de janeiro

A mente intuitiva

A mente intuitiva tem acesso a um depósito ilimitado de informações. Ela pode comunicar-se com um tesouro infinito de conhecimento e sabedoria — a mente universal. Ela também é capaz de selecionar essas informações e de nos fornecer exatamente o que precisamos, quando precisamos. O nosso papel é ouvir a nossa intuição, confiar em sua orientação e aprender a agir de acordo com o que ela nos diz.

Confio na orientação da minha intuição.

12 de janeiro

Um ser sábio vive dentro de você

Um ser sábio está dentro de você. É o seu ser intuitivo. Concentre a atenção num ponto profundo no seu corpo, num lugar onde se encontram os seus "sentimentos viscerais". Você pode comunicar-se com esse ser falando silenciosamente com ele, apresentando pedidos ou fazendo perguntas. Em seguida, relaxe, aquiete os pensamentos e abra-se para receber as respostas. Em geral, as mensagens são bem simples, têm relação com o momento presente, não com o passado ou com o futuro, e são corretas.

Confio na sabedoria que habita em mim.

13 de janeiro

Passo a passo, o caminho se revela

Embora a mensagem do ser intuitivo possa chegar até nós em pequenas porções de cada vez, se aprendermos a seguir as informações nela contidas, o caminho se desdobrará diante de nós. Quando aprendemos a confiar nessa orientação, a vida passa a fluir sem esforço. A nossa vida, sentimentos e ações se entrelaçam harmoniosamente com a vida, com os sentimentos e com as ações dos que estão à nossa volta.

Gradativamente, aprendo a confiar no fluxo da vida.

14 de janeiro

Confie nos seus sentimentos e aja de acordo com eles

Confie nos seus sentimentos mais profundos e aja de acordo com eles. Se seguir realmente a sua intuição, você descobrirá que eles levam a uma sensação de maior vitalidade e poder, e mais oportunidades começam a aparecer. Se você se sente desfalecido e enfraquecido, é possível que não venha agindo de acordo com a sua intuição, mas com alguma outra voz dentro de você. Praticando, você descobrirá que o seu senso intuitivo tem uma energia diferente daquela de outros pensamentos e sentimentos, e você aprenderá a reconhecê-la.

Confiando nos meus sentimentos intuitivos e agindo de acordo com eles, sinto-me forte e vivo.

15 de janeiro

Livre da batalha diária

Nós nos esforçamos muito para fazer da nossa vida o que queremos que ela seja. No início deste dia, imagine que você pode deixar de lutar durante um dia inteiro. Relaxe um pouco e confie que as suas necessidades serão satisfeitas pelo fluxo natural da vida.

A filosofia do estar aqui agora e do desapegar-se é uma experiência de grande libertação. Vivendo essa filosofia, você descobre que está de fato perfeitamente bem; na verdade, você se sente fantástico. Simplesmente deixe-se ser, deixe o mundo ser, e desista do esforço de tentar mudar as coisas.

Eu relaxo e me permito ser.

16 de janeiro

Mudança

A mudança acontece não através da tentativa de *fazer* você mudar, mas tomando consciência do que *não* está se processando adequadamente. Assim, você pode pedir ao seu ser superior que o ajude a abandonar o velho padrão e lhe apresente o novo. Lembre-se, o momento de maior escuridão é o que precede imediatamente o alvorecer — muitas vezes a mudança ocorre exatamente quando você desiste ou quando menos espera.

Estou aberto e disposto a mudar.

17 de janeiro

Siga a sua energia criativa

Se ouvir e seguir a sua intuição, até onde lhe for possível, você se tornará um canal criativo para o poder superior do universo. Quando você vai de boa vontade até o ponto aonde a sua energia criativa o leva, o poder superior pode operar através de você e manifestar sua obra criativa. Quando isso acontece, você segue com a energia, fazendo o que realmente quer fazer e sentindo o poder do universo circulando dentro de você.

Quando sigo a minha intuição, a energia criativa flui através de mim.

18 de janeiro

Você é um canal para a criatividade

Com o termo "canal", não me refiro ao processo psíquico da canalização em estado de transe. Por canalização entendo o ato de entrar em contato e de trazer à superfície a sabedoria e a criatividade da sua fonte mais profunda. Ser um canal é ser plena e livremente você mesmo, claramente consciente de que você é um veículo para a criatividade do universo.

Sou um canal para o poder criativo do universo.

19 de janeiro

Objetivo maior

Todos nós temos uma contribuição importante a dar nesta existência. Chamo essa contribuição de nosso objetivo maior. Esse objetivo sempre envolve sermos nós mesmos total, completa e naturalmente, e fazer alguma coisa ou muitas coisas que gostamos realmente de fazer, que chegam a nós com facilidade. Quando aprendemos a seguir os nossos sentimentos, sonhos e visões, procurando fazer coisas que gostamos, começamos a descobrir o nosso objetivo maior.

Cada momento é um momento de criação e cada momento de criação contém possibilidades infinitas.

Sendo eu mesmo e fazendo o que gosto, dou uma contribuição importante para a vida.

20 de janeiro

A realização encontra-se na vida de cada dia

A realização vem do que você está fazendo neste exato momento. Não se trata de fazer coisas agora para obter gratificação no futuro. (Vou trabalhar agora para conseguir um emprego melhor mais adiante. Vou trabalhar muito agora para poder me aposentar e aproveitar a vida. Vou trabalhar muito agora para ter dinheiro suficiente para umas férias.) O que conta é a realização do que você está fazendo agora. Mesmo as coisas mais simples são importantes.

Encontro realização em tudo o que faço.

21 de janeiro

Ser, fazer e ter

Podemos atribuir três dimensões à vida: a dimensão do ser, do fazer e do ter. Muitas vezes chegamos até a nos esforçar para viver de trás para a frente. Tentamos *ter* mais dinheiro para ter a sensação de que podemos *fazer* mais daquilo que queremos para poder *ser* mais felizes. Mas o processo é exatamente o inverso disso. Primeiro precisamos *ser* quem realmente somos, em seguida *fazer* o que nos sentimos orientados a fazer, para finalmente *ter* o que *queremos*.

Eu me permito ser;
Faço o que considero certo;
Tenho tudo o que realmente quero.

22 de janeiro

Soltando

Vamos imaginar que a vida seja um rio. A maioria das pessoas fica na margem, com medo de se soltar e ser levada pela corrente. Quando o sofrimento de continuar na margem se torna maior do que o de nos soltar, lançamo-nos na água e o rio nos leva com segurança. À medida que nos acostumamos com a corrente, olhamos para a frente e dirigimos o nosso curso. Escolhemos o canal que preferimos seguir, mas sempre seguindo com o fluxo. Podemos desfrutar o fato de estarmos aqui e agora, fluindo com o que é, e ao mesmo tempo orientar-nos conscientemente para os nossos objetivos assumindo total responsabilidade pela criação da nossa própria vida.

Relaxando e soltando, sigo com o fluxo em direção ao meu bem maior.

23 de janeiro

A busca da realização

Neste momento, muitos seres humanos (e também outras espécies) na Terra ainda lutam pela sobrevivência física. No entanto, um número cada vez maior de pessoas está deixando de se preocupar acima de tudo com a mera sobrevivência. Temos a oportunidade, e assim a responsabilidade, de começar a buscar uma realização mais profunda nos níveis espiritual, mental e emocional. Buscamos um sentido e um objetivo maiores na nossa vida e formas de viver de modo mais responsável e harmonioso no nosso planeta.

Encontro sentido, objetivo e realização na minha vida.

24 de janeiro

Espírito e forma

Espírito é a essência da consciência, a energia do universo que cria todas as coisas. Cada um de nós é parte desse espírito — uma entidade divina. Assim o espírito é o ser mais elevado, o ser eterno que habita em nós.

Forma é o mundo físico: corpo, mente, personalidade. Como seres espirituais, criamos o mundo físico como um lugar para aprender. Estamos aqui para aprender a dominar o processo da criação — a conscientemente canalizar a energia criativa do espírito para a forma física.

Estou aprendendo a criar a forma através do espírito.

25 de janeiro

O que é visualização criativa?

Visualização criativa é a técnica que consiste em usar a imaginação para criar o que você quer em sua vida. Na verdade, você já usa a visualização a cada minuto do seu dia. Ela é a força natural da imaginação, a energia criativa básica do universo que você usa constantemente quer tenha ou não consciência dela. Tudo o que você tem a fazer é relaxar profundamente e representar um objetivo desejado em sua mente exatamente do modo como você quer que ele se realize.

Visualizo a minha vida exatamente do modo como a desejo.

26 de janeiro

Contato com a fonte

Um dos passos mais importantes para realizar um trabalho de visualização é viver a experiência do contato com a sua fonte criativa interior. Gosto de pensar nesse contato com a fonte como ligação com o seu ser superior, o ser divino que habita em você. O contato com o seu ser superior caracteriza-se por um senso profundo de sabedoria. Você sabe que está criando o seu próprio mundo e que tem poder infinito de criá-lo como deseja.

Estou em contato com a minha fonte e crio a minha vida como desejo que ela seja.

27 de janeiro

Nosso potencial divino

Não há separação entre Deus e nós. Nós somos expressões do princípio criador neste nível de existência. Temos dentro de nós o potencial para tudo. Manifestação através da visualização criativa é o processo que consiste em realizar o nosso potencial divino e torná-lo visível no plano físico.

Expresso cada vez mais o meu potencial.

28 de janeiro

Divirta-se com sua visualização

Assuma uma posição confortável. Relaxe o corpo. Respire lenta e profundamente. Comece a imaginar alguma coisa que você queira, exatamente como a gostaria. Divirta-se com ela. Imagine que você é uma criança sonhando com o que quer de aniversário. Imagine realmente como seria bom ter o objeto do seu desejo. Termine a visualização com uma afirmação. "Isto ou alguma coisa melhor se manifesta agora para mim de forma totalmente agradável e harmoniosa para o bem maior de todos os envolvidos."

Divirto-me visualizando o que desejo.

29 de janeiro

Uma fonte no mais profundo do ser

À medida que desenvolvemos o processo de criar a nossa própria realidade, começamos a compreender que o poder criativo que sentimos procede de uma fonte diferente da nossa personalidade. Ela parece ter origem em algum lugar profundo dentro de nós. Nós nos interessamos em descobrir o que é essa força criativa e como ela trabalha. Compreendemos que "ele" (nosso ser superior) conhece mais do que "eu" (nosso ser personalidade). Descobrimos o que a orientação interior nos diz e a seguimos.

Sinto o poder criativo fluindo do meu ser mais profundo.

30 de janeiro

Seu santuário pessoal

Feche os olhos, relaxe o corpo, imagine-se num ambiente natural de grande beleza — um lugar onde você se sinta à vontade, tranquilo e em paz. Explore seu ambiente, observando detalhes, sons e odores. Faça o que achar conveniente para tornar o local mais acolhedor e confortável. Construa uma casa ou abrigo ou apenas envolva toda a área com uma luz dourada de proteção e segurança. Desse momento em diante, esse é o seu santuário interior pessoal. Ele sempre será para você fonte de cura e relaxamento. É um lugar de poder especial.

Tenho dentro de mim um lugar especial de serenidade e poder.

31 de janeiro

Elimine o velho, acolha o novo

Sente-se ou deite-se, relaxe, feche os olhos e respire profundamente várias vezes. Ao exalar, imagine que está eliminando tudo o que você não quer ou não precisa. Imagine os seus velhos padrões e limitações dissolvendo-se aos poucos. Ao exalar e eliminar o velho, você cria espaço para algo novo. Ao inalar, inspire energia vital. Imagine um novo modo de vida tomando forma, repleto de força e energia.

A cada respiração, elimino o velho e acolho o novo.

1º de fevereiro

Existe uma inteligência superior

As bases da vida no novo mundo que estamos criando assentam-se sobre a compreensão de que existe uma inteligência superior, um poder ou energia criativa fundamental no universo que é a substância de tudo o que existe.

Empregamos inúmeros termos para expressar uma experiência desse poder. Embora seja difícil exprimir em palavras e conceitos racionais, todos nós já tivemos em algum momento uma sensação de união, sabedoria e unidade com a presença divina.

Sinto a presença de um poder maior do que eu mesmo.

2 de fevereiro

Uma presença dentro de nós

Quando nos entregamos ao poder do universo e nele depositamos a nossa confiança, descobrimos que a nossa relação com essa essência superior se torna mais pessoal. Podemos literalmente sentir uma presença dentro de nós, guiando-nos, amando-nos, ensinando-nos, estimulando-nos. O universo pode ser professor, guia, amigo, mãe, pai, amante, gênio criativo, fada madrinha e até Papai Noel. Em outras palavras, tudo o que precisamos ou desejamos pode ser concedido por meio desse vínculo interior.

Tenho uma relação pessoal com um poder superior.

3 de fevereiro

Como distinguir a intuição

A sua intuição está sempre cem por cento certa, mas é preciso tempo para ouvi-la corretamente. Se está disposto a correr o risco de agir com base no que você acredita ser verdade e de cometer erros, você aprenderá muito rapidamente prestando atenção ao que dá e ao que não dá resultados. A primeira coisa a fazer é prestar mais atenção ao que você sente interiormente, ao diálogo que se desenvolve dentro de você. Com a prática, você saberá distinguir a sua voz interior de outros pensamentos e vozes.

*Ouço a minha intuição mais claramente
a cada dia que passa.*

4 de fevereiro

Observe o seu diálogo interior

Quem já pratica meditação sabe como pode ser difícil aquietar a nossa "tagarelice mental" para entrar em contato com a nossa mente mais profunda, sábia e intuitiva. Uma prática tradicional de meditação consiste em simplesmente observar o diálogo interior o mais objetivamente possível. Essa é uma experiência valiosa que lhe permite perceber a variedade de pensamentos que normalmente lhe ocorrem. Muitos desses pensamentos procedem de programações do passado e que ainda nos influenciam. Quando reconhecemos esses padrões de pensamento, podemos começar a mudar velhos hábitos. Podemos perceber a diferença entre a tagarelice mental habitual, limitadora, e a voz do nosso guia interior.

Presto atenção aos pensamentos que me ocorrem.

5 de fevereiro

Uma experiência humana natural

Quando falamos em seguir a voz interior, lembre-se de que a maioria das pessoas não a percebe como uma voz. Em geral, ela se assemelha mais a uma sensação, uma energia, uma percepção que poderia ser expressa como "Isto parece certo" ou "Isto não parece certo". É uma experiência simples, natural, humana, com a qual perdemos contato e que precisamos recuperar.

Recupero a minha capacidade natural de seguir a minha intuição.

6 de fevereiro

Meditação com a intuição

Assuma uma posição confortável, sentado ou deitado. Feche os olhos e relaxe. Faça várias respirações profundas, lentas e longas; ao expirar, seu corpo e sua mente relaxam cada vez mais. Em seguida, leve a atenção a um lugar profundo dentro de você — no âmago do plexo solar ou do abdômen. Imagine-se descendo cada vez mais até encontrar um lugar silencioso de descanso. Imagine que nesse lugar profundo você entra em contato com a sua verdade interior. Pergunte se há alguma mensagem para você ou algo que você precise saber ou se lembrar. Ou faça uma pergunta específica. Depois relaxe e sinta ou "ouça" o que lhe chega. Pode ser um pensamento, um sentimento ou uma imagem. Apenas acolha o que lhe chega. Não deixe a mente interferir, ou você bloqueará o processo. Se lhe parecer que nada acontece, não se preocupe. Pratique regularmente de modo relaxado; você começará a sentir-se em contato com a sua intuição.

Estou em contato com as minhas percepções intuitivas.

7 de fevereiro

Praticar para ouvir

Para ouvir a sua intuição e aprender a confiar nela é preciso praticar. Quanto mais você praticar, mais fácil será. Por fim, você estará em contato com as suas percepções intuitivas durante quase todo o tempo. Pergunte-se. Saiba que o ser sapiente dentro de você, uma fonte extraordinária de poder e força, está à sua disposição para responder suas perguntas e guiá-lo. Tornando-se mais sensível a essa orientação das percepções intuitivas interiores, você saberá o que precisa fazer em cada situação.

Confio na minha sabedoria interior em todas as situações.

8 de fevereiro

Apenas seja você mesmo

Não é necessário ser perfeito para ser um canal para o universo. Basta ser autêntico. Seja você mesmo. Quanto mais honesto e espontâneo você for, mais livremente a força criativa poderá fluir através de você. Ao fluir, ela purifica os resíduos de antigos bloqueios. Quanto mais verdadeiro você for consigo mesmo, mais limpo se tornará o seu canal.

Hoje sou honesto, espontâneo
e verdadeiro comigo mesmo.

9 de fevereiro

Todos somos gênios

Cada um a seu modo, todos somos gênios. Descobrimos a natureza do nosso gênio peculiar quando deixamos de tentar nos adaptar aos nossos próprios modelos ou aos modelos de terceiros, e aprendemos a ser nós mesmos, facilitando a abertura do nosso canal natural. Então descobrimos que cada um de nós tem algo de especial a oferecer ao mundo, algo que ninguém mais pode reproduzir.

Ao meu modo peculiar, sou um gênio.

10 de fevereiro

Todo gênio criativo é um canal

Todo gênio criativo é um canal para o poder divino do universo. Toda obra-prima foi criada pelo processo de canalização. Grandes obras não são criadas apenas pela personalidade. Elas surgem de uma inspiração profunda no nível universal, sendo então expressas e modeladas pela personalidade individual.

Sou um canal para a inspiração criativa.

11 de fevereiro

Dons peculiares

Ao criar o nosso mundo novo, as coisas podem se congregar de formas inesperadas e em combinações surpreendentes. Talvez você não tenha encontrado a sua profissão porque ela ainda não existe. O seu modo peculiar e único de expressar-se nunca existiu antes e jamais se repetirá novamente.

Descubro o meu modo peculiar de expressão.

12 de fevereiro

Vivendo os nossos sentimentos

Quando reprimimos e bloqueamos os nossos sentimentos, não conseguimos entrar em contato com o universo dentro de nós. Não conseguimos ouvir a nossa voz intuitiva e seguramente não sentimos o prazer de viver. Quando desejamos viver plenamente um sentimento específico, como medo, raiva, solidão ou confusão, e acolhemos essa emoção sem julgar, a energia bloqueada se libera rapidamente e o sentimento se dissolve, deixando-nos mais calmos e abertos.

Aceito e vivo todos os meus sentimentos.

13 de fevereiro

Cores do arco-íris da vida

O que nos acostumamos a chamar de sentimentos negativos ou positivos não existe. Somos nós que os tornamos negativos ou positivos ao rejeitá-los ou aceitá-los. Todos os sentimentos fazem parte da sensação maravilhosa e sempre mutável de estarmos vivos. Quando aceitamos os diferentes sentimentos, eles se transformam nas muitas cores do arco-íris da vida.

Todos os meus sentimentos são expressão natural da vida.

14 de fevereiro

Apaixonando-nos por nós mesmos

Quando nos apaixonamos por alguém, também nos apaixonamos por aspectos de nós mesmos que vemos refletidos na pessoa. Podemos achar que ela tem qualidades que não temos, mas isso é um engano. As qualidades que vemos nela existem também em nós, apenas não foram ainda descobertas ou desenvolvidas.

Durante o dia de hoje, volte o seu pensamento para cada pessoa que você ama e imagine que ela é um espelho para você, refletindo a sua beleza e amabilidade. Quanto mais você amar a si mesmo com a ajuda desses reflexos, mais você amará e valorizará verdadeiramente o outro.

Eu me apaixono por mim mesmo.

15 de fevereiro

Podemos ter tudo

Enquanto permanecermos ligados ao mundo exterior, sempre haverá um lugar vazio, faminto e perdido dentro de nós que precisa ser preenchido. Quando nos fixamos no universo interior, podemos ter tudo o que é externo — dinheiro, sucesso e relacionamentos que nos completam — e também aquela incrível conexão dentro de nós.

Recebo tudo da fonte dentro de mim.

16 de fevereiro

Sentindo-nos mais vivos

Cada vez que escolhemos confiar e seguir a nossa intuição, mais o nosso canal se abre. Mais força vital flui através de nós. As células do nosso corpo realmente recebem mais energia, renovando-se e revitalizando-se mais rapidamente. Nós nos sentimos física, emocional e mentalmente mais vivos. O nosso espírito pode brilhar ainda mais. O nosso corpo se mantém saudável e belo, irradiando vitalidade.

Sinto a força vital fluindo pelo meu corpo.

17 de fevereiro

Entregando-nos à vida

Uma parte de nós quer vida, quer assumir o compromisso de viver o mais plenamente possível e está disposta a confiar na intuição e a segui-la a cada instante. Há outra parte de nós que não confia nessa tendência. "Não consigo fazer isso, é demais, é muito forte. Não quero me entregar." Quando resistimos à força da vida, a única sensação que temos é de esforço e luta. Quando nos entregamos à vida, o fluxo de energia aumenta e nós sentimos a paixão do estarmos vivos.

Eu me entrego à vida.

18 de fevereiro

Momento de rendição total

Quando finalmente desistimos da luta que iniciamos para encontrar a realização fora de nós, temos um único lugar para onde ir: o nosso interior. É nesse momento de rendição total que a luz começa a aparecer. Achamos que vamos cair no fundo do poço, mas em vez disso caímos por um alçapão num mundo novo resplandecente. Redescobrimos o mundo do nosso espírito.

Rendendo-me, encontro a luz dentro de mim.

19 de fevereiro

Pedindo orientação

Caso você precise de ajuda para resolver algum problema, procure aplicar a técnica a seguir. Sente-se ou deite-se numa posição confortável, feche os olhos, respire algumas vezes e relaxe profundamente. Imagine que você está em contato com a sua sabedoria interior mais profunda. Elabore o problema na sua mente e peça orientação dessa fonte interior. Relaxe alguns minutos e seja receptivo a qualquer sentimento, imagem ou pensamento que lhe ocorra. A orientação pode chegar-lhe imediatamente ou em algum momento dentro das próximas horas ou dias.

Eu peço e ouço a minha orientação interior.

20 de fevereiro

Reserve um momento

Um passo importante para aprender a ouvir e a seguir a sua intuição é simplesmente praticar o contato regular com ela, pelo menos duas vezes por dia, ou mais, se possível. Reserve um momento ou dois para relaxar e ouvir os seus sentimentos viscerais. Cultive esse hábito de comunicar-se com o seu ser interior. Peça ajuda e orientação quando precisar dele e ouça as respostas.

Ouço os meus sentimentos viscerais.

21 de fevereiro

É preciso praticar

Precisamos nos reeducar a ouvir e a confiar nas verdades interiores que nos chegam através das nossas percepções intuitivas. Precisamos aprender a agir a partir delas, embora possa parecer arriscado e assustador no início, porque não estamos mais agindo com cautela, fazendo o que "devíamos" fazer, agradando os outros, seguindo regras ou obedecendo a uma autoridade externa.

Aprender a confiar em nossa intuição é uma forma de arte, e como acontece com todas as formas de arte, é preciso praticá-la para alcançar a perfeição. Precisamos estar dispostos a cometer "erros", a tentar alguma coisa e falhar, e então tentar alguma coisa diferente. Se nos contemos por causa do medo de errar, talvez precisemos de uma vida inteira para aprender a confiar na nossa intuição.

Estou aprendendo a confiar na minha intuição.

22 de fevereiro

Não se pressione!

Você não pode estar sempre se forçando a seguir as suas percepções intuitivas. Às vezes, tudo pode parecer muito difícil ou assustador. Não se pressione! Apenas observe o processo e seja honesto consigo mesmo com relação à percepção em questão e veja o que acontece. Se você amar e aceitar a si mesmo exatamente como é, a mudança acontecerá natural e espontaneamente.

Hoje eu me amo e me aceito exatamente como sou.

23 de fevereiro

Cada um de nós toca um instrumento único

Cada um de nós toca um instrumento único na orquestra da vida. Se tocarmos a nossa parte sem prestar atenção à direção do maestro ou aos demais instrumentos da orquestra, teremos um caos total. Se tentarmos tocar como tocam os instrumentos diferentes do nosso, será impossível obter harmonia. No entanto, se olharmos para o maestro (nossa intuição) e seguirmos sua direção, sentiremos a alegria de tocar a nossa parte e ao mesmo tempo de participar do todo harmonioso maior.

Sou um instrumento único e especial.

24 de fevereiro

Recebemos o apoio que precisamos

Se formos honestos com nós mesmos, admitiremos prontamente que não conseguimos executar uma música magnífica apenas sob a direção da nossa mente racional. Sintonizando-nos com a nossa intuição e permitindo que ela seja a força orientadora em nossa vida, deixamos que o maestro assuma o seu devido lugar como líder da orquestra. Em vez de perder a nossa liberdade individual, recebemos o apoio que precisamos para expressar a nossa individualidade.

Em harmonia com o todo,
encontro minha liberdade individual.

25 de fevereiro

Aprendendo com os nossos erros

Precisamos lembrar que somos bebês no mundo novo. Aprendemos cometendo muitos erros e muitas vezes podemos nos sentir ignorantes, assustados ou inseguros com relação a nós mesmos. Mas, do mesmo modo que não nos irritamos com um bebê sempre que ele cai, não devemos nos criticar pelo nosso processo natural de aprendizado.

Aprendo com os meus erros.

26 de fevereiro

Desenvolvendo-nos em todos os níveis

Estamos agora aprendendo a viver mais plenamente de acordo com as leis do universo. Somos desafiados a explorar todos os aspectos da nossa experiência humana e a desenvolver todos os níveis do nosso ser — espiritual, mental, emocional e físico.

Realizando esse trabalho, temos uma sensação cada vez maior de plenitude, vigor e vida, e de estarmos "de propósito" na nossa vida.

Estou me desenvolvendo em todos os níveis
da minha vida — espiritual, mental, emocional e físico.

27 de fevereiro

Nunca só

Estando em união profunda consigo mesmo, você dificilmente se sentirá só. Na verdade, é na solidão física que muitas vezes você encontrará a comunhão mais íntima com o poder superior. Nessas ocasiões, os lugares antes vazios dentro de você ficam preenchidos com a força vital. Aqui você encontra uma presença orientadora constante que lhe diz que passo dar a seguir e o ajuda a aprender a lição presente em cada passo ao longo do caminho.

Eu gosto de ficar sozinho com o poder superior.

28 de fevereiro

Tornando-se um canal para o universo

Tornar-se um canal para o universo é o maior dos desafios e representa o maior potencial de realização para todo ser humano. Ser um canal significa viver plena e intensamente no mundo, cultivando relacionamentos profundos, divertindo-se, trabalhando, criando, usufruindo o dinheiro e as posses materiais, sendo você mesmo, sentindo uma ligação profunda com o poder do universo dentro de você, aprendendo e desenvolvendo-se com cada experiência que você tem. Então você pode observar o universo criar através de você. O universo tem uma tarefa a cumprir e pode servir-se de você para realizá-la.

Vivo plena e intensamente como um canal límpido.

29 de fevereiro

Você é como um sol dourado

Sente-se ou deite-se confortavelmente. Relaxe o corpo completamente. Respire lenta e profundamente. Visualize uma luz dentro do seu coração — brilhante, irradiante e quente. Sinta essa luz espalhando-se e intensificando-se, irradiando de você para o espaço infinito, até você se assemelhar a um sol dourado emitindo energia amorosa sobre todas as coisas e todas as pessoas à sua volta. Diga para si mesmo: "Luz divina e amor divino fluem através de mim e se irradiam de mim para tudo o que está ao meu redor". Repita essas palavras até obter uma forte sensação da sua própria energia espiritual.

Luz divina e amor divino fluem através de mim.

1º de março

Visualização criativa é magia

A visualização criativa é magia no sentido mais verdadeiro e elevado da palavra. Ela envolve compreensão e harmonização de si mesmo com os princípios naturais que regem o comportamento do universo e a aplicação desses princípios de forma consciente e criativa.

Sinto a magia do universo operando na minha vida.

2 de março

"Colhemos o que semeamos"

Produzir conscientemente uma ideia e conservá-la na mente é um processo que tende a atrair e criar a forma dessa ideia no plano material. "Colhemos o que semeamos." Significa que atraímos para a nossa vida tudo aquilo em que mais pensamos, aquilo em que acreditamos com mais intensidade, aquilo que aceitamos no nível mais profundo do nosso ser e aquilo que imaginamos mais vividamente.

Hoje atraio beleza, alegria e abundância para a minha vida.

3 de março

Use visualização criativa conscientemente

No passado, muitos de nós usamos o nosso poder de visualização criativa de modo relativamente inconsciente. Devido aos nossos conceitos negativos arraigados sobre a vida, esperamos e imaginamos automática e inconscientemente carência, limitação, dificuldades e problemas como a parte que nos caberia na vida. Até um determinado grau ou outro, criamos essas dificuldades para nós mesmos.

Agora temos a oportunidade de usar o poder consciente da nossa mente para criar amor-próprio, abundância, liberdade e realização na nossa vida.

Hoje espero o melhor.

4 de março

Tudo é energia

Tudo no mundo físico é feito de energia, sempre vibrando em diferentes frequências. O pensamento é uma forma relativamente leve e sutil de energia, sendo rápido e fácil de mudar. A matéria é energia relativamente densa e compacta, mais lenta para movimentar-se e mudar. Todos esses campos de energia estão interconectados, de modo que o que pensamos e sentimos está constantemente afetando e sendo afetado por tudo ao nosso redor. Todos nós fazemos parte de um grande sistema de energia.

Sinto-me parte de toda a energia do universo.

5 de março

Criamos primeiro em forma-pensamento

Quando criamos alguma coisa, sempre a criamos primeiro em forma-pensamento. Um artista tem antes uma ideia ou inspiração, em seguida pinta o quadro. A ideia é como um modelo. Ela cria uma imagem da forma, que então magnetiza e guia a energia física para aquela forma e por fim a manifesta no plano físico.

Meus pensamentos criam um modelo maravilhoso para a minha vida.

6 de março

Imaginação é a habilidade de criar

A visualização criativa nos dá a chave que nos possibilita ter acesso à benevolência e liberalidade natural da vida. Imaginação é a capacidade de criar uma ideia ou imagem na mente. Na visualização criativa você usa a imaginação para criar uma imagem clara, uma percepção ou sensação de algo que deseja manifestar.

A minha imaginação é um instrumento de criação poderoso.

7 de março

Relaxe profundamente

É importante relaxar profundamente ao começar a aprender a usar a visualização criativa. Quando a nossa mente e o nosso corpo estão profundamente relaxados e concentrados, as nossas ondas cerebrais sofrem alterações e se tornam mais lentas. Quando silenciamos a tagarelice habitual da mente, temos condições de ouvir num nível mais profundo, tornando-nos receptivos e abertos à nossa imaginação criativa e à nossa intuição.

Estou profundamente relaxado e concentrado.

8 de março

Exercício básico de visualização criativa

Pense em alguma coisa que você deseja ter, fazer ou experimentar. Para este exercício, imagine algo simples e bastante real.

Sente-se ou deite-se confortavelmente. Faça algumas respirações longas, lentas e profundas, relaxando o corpo e a mente. Em seguida imagine-se fazendo, tendo ou experimentando o que você deseja. Imagine o seu desejo já acontecendo, tornando-se real, agora. Use uma imagem mental ou apenas uma sensação do que você deseja, ou ainda uma ideia de como seria o seu desejo para você se ele se materializasse. Divirta-se com a experiência.

Quando considerar o exercício terminado, abra os olhos. Saiba que ao visualizar ou imaginar o seu objetivo como se ele já tivesse sido realizado, você abriu a porta para realmente alcançá-lo. Repita o exercício sempre que desejar.

Isto ou algo melhor está se tornando realidade neste momento.

9 de março

Visualize o seu objetivo

Reavive a ideia ou a imagem mental com frequência, tanto nos momentos de meditação silenciosa como ao longo do dia em meio às suas atividades. Assim ela se torna parte integrante da sua vida. Ela se torna mais real para você e você a projeta com mais sucesso. Concentre-se nela claramente, mas de modo suave e delicado. É importante evitar toda sensação de que você está se esforçando ou então direcionando uma quantidade excessiva de energia para alcançá-la. Esse esforço ou excesso mais prejudicariam do que ajudariam.

Concentro-me nos meus objetivos de modo suave e relaxado.

10 de março

Afirmar significa tornar firme

Uma afirmação é uma declaração forte, positiva, de que algo já existe. É um modo de tornar sólido aquilo que você está imaginando. Ao usar afirmações, procure suspender temporariamente qualquer dúvida ou descrença que possa ter, pelo menos no momento. Procure chegar à sensação de que aquilo que você deseja é muito real e possível.

O que eu desejo é possível.

11 de março

Escolha da afirmação certa

Sempre escolha afirmações que pareçam totalmente certas para você. O que dá resultados para uma pessoa pode não dar para outra. Uma afirmação deve ser positiva, expansiva, libertadora ou sustentadora. Se ela não tiver essas características, elabore outra ou procure mudar as palavras até ajustá-la. Uma afirmação forte e eficaz pode provocar alguma resistência da parte de você que teme mudar, mas isso desaparecerá à medida que você trabalhar com ela. Escolha afirmações que pareçam sustentadoras, libertadoras e expansivas.

*Estou descobrindo as afirmações
mais poderosas para mim.*

12 de março

Afirmações nascidas do coração

Em geral, quanto mais breve e mais simples for a afirmação, mais eficaz. Uma afirmação deve ser uma declaração clara que transporta um sentimento intenso. Quanto mais sentimento ela transportar, mais forte a impressão que ela produz na sua mente. Afirmações longas, prolixas e teóricas perdem seu impacto emocional. Escolha afirmações que nasçam do coração, não da cabeça.

Ouvindo o coração, recebo a afirmação correta.

13 de março

Resistência à mudança

Você pode sentir resistência emocional a uma afirmação ao usá-la pela primeira vez, especialmente uma afirmação que seja realmente forte para você e que irá produzir uma mudança verdadeira na sua consciência. Essa é simplesmente uma resistência inicial à mudança e ao crescimento. Se dúvidas ou pensamentos contraditórios surgirem, não resista nem tente impedi-los. Resistindo, você lhes dará uma força que eles não têm. Apenas deixe que as dúvidas cruzem sua mente e em seguida volte para as suas declarações e imagens positivas.

Aceito a minha resistência e vou em frente.

14 de março

Um esforço diário

Se possível, use visualização criativa e afirmações todos os dias, mesmo que por apenas cinco minutos. É especialmente bom fazer visualização criativa à noite, logo antes de adormecer, ou pela manhã, logo ao acordar, porque nesses momentos a mente e o corpo em geral estão profundamente relaxados e receptivos. Alguns minutos de meditação e visualização criativa ao meio-dia ajudarão você a relaxar e a revigorar-se e suavizarão o transcorrer da sua tarde.

Uso visualização criativa todos os dias.

15 de março

Visualização criativa — aspectos receptivo e ativo

A visualização criativa envolve dois aspectos — o receptivo e o ativo. No aspecto receptivo, fazemos perguntas e recebemos respostas ou orientação da nossa mente intuitiva através de palavras, imagens mentais ou sentimentos. No aspecto ativo, escolhemos imagens mentais e afirmações e as usamos como recursos para criar conscientemente a nossa realidade. Ambos os aspectos são partes importantes do processo criativo.

Estou desenvolvendo os aspectos receptivo e ativo da minha imaginação.

16 de março

Objetivos nos direcionam

Sempre que tem um desejo, de certo modo você tem um objetivo, alguma coisa que você gostaria de ser, fazer ou ter. Alguns desejos são meras fantasias passageiras, mas outros perduram e se aprofundam. Os nossos desejos e objetivos nos direcionam e dão foco. Eles ajudam a sinalizar o curso das nossas ações na vida.

Os meus desejos e objetivos me direcionam positivamente na vida.

17 de março

Criando em muitos níveis

O seu objetivo pode estar em qualquer nível — físico, mental ou espiritual. Você pode imaginar-se possuindo uma nova casa, conseguindo um novo emprego, mantendo um relacionamento enriquecedor ou sentindo-se calmo e confiante. Você pode se ver superando uma situação difícil com facilidade ou passando um período de férias restauradoras. Você pode trabalhar em qualquer nível — todos produzirão resultados.

Estou criando resultados positivos em todos os níveis da minha vida.

18 de março

Desfrute a jornada inteira

Para desfrutar os seus objetivos, pense neles como sinalizadores que lhe apontam uma determinada direção. Eles lhe dão um foco e ajudam sua energia a manter-se em movimento. O modo como você segue esses sinais é responsabilidade sua; você pode ficar muito ansioso, esgotando suas energias na tentativa de alcançar o objetivo, ou pode relaxar e desfrutar a jornada inteira, apreciando cada curva e paisagem inesperada da estrada, cada nova oportunidade para aprender e sentir.

Eu relaxo e desfruto cada momento da minha jornada.

19 de março

Removendo barreiras

A visualização criativa é um meio de desbloquear ou remover as barreiras que nós mesmos criamos ao fluxo naturalmente harmonioso, abundante e amoroso do universo. Ela só é verdadeiramente eficaz quando usada em combinação com os nossos objetivos e propósitos mais elevados para o bem maior de todos os seres.

Removo as minhas barreiras e encontro o meu bem maior.

20 de março

Ter o que queremos beneficia outras pessoas

Como a natureza humana é basicamente amorosa, normalmente não nos permitimos ter o que queremos enquanto acreditamos que com isso poderíamos prejudicar outras pessoas. Precisamos compreender profundamente que viver uma vida realizada contribui para o estado geral da felicidade humana, inspira e beneficia outras pessoas a criarem mais felicidade para elas mesmas.

Quanto mais eu recebo, mais os outros também recebem.

21 de março

Veja-se recebendo

Ao visualizar o seu objetivo, faça afirmações positivas fortes que expressem que ele já se realizou ou está a caminho de se realizar. Imagine-se recebendo ou alcançando-o. Sempre elabore afirmações no tempo presente, não no futuro. Não diga, "Vou conseguir um novo emprego ótimo", mas sim, "Tenho agora um novo emprego ótimo". Isso não é mentir para si mesmo, mas reconhecer o fato de que tudo se cria primeiro no plano mental, para só então manifestar-se na realidade objetiva. Essa é também uma forma de mudar os padrões do nosso modo habitual de falarmos com nós mesmos.

Alcanço os meus objetivos com facilidade.

22 de março

Cada momento é uma oportunidade

Lembre-se de que você está constantemente recriando a sua vida. Você não está tentando refazer ou mudar o que já existe. Agir assim seria resistir ao que é, e isso cria luta e conflito. Assuma a atitude de que você está aceitando e trabalhando com o que existe na sua vida, ao mesmo tempo em que reconhece que cada momento é uma nova oportunidade para começar a criar exatamente o que você deseja e que o fará feliz.

Crio minha vida novamente a cada dia.

23 de março

Desejo, crença e aceitação

A visualização criativa lhe trará os resultados almejados se você *desejar* os seus objetivos, se acreditar neles e se os aceitar. Você deve ter um desejo forte e verdadeiro de ter ou de criar aquilo que você escolheu. Quanto mais você *acreditar* no seu objetivo, mais terá condições de criá-lo. E você deve estar disposto a *aceitar* e a ter aquilo que você está buscando. Juntos, esses três elementos compõem uma clara intenção de manifestar o seu sonho.

Eu desejo o meu bem maior, acredito nele e o aceito.

24 de março

Com perseverança, você alcançará o sucesso

Não desanime se não alcançar sucesso total imediatamente com a sua visualização criativa. Lembre-se de que quase todos nós tivemos de superar muitos anos de padrões de pensamento negativos. Por isso, tenha paciência. Foi necessária toda uma vida para criar o seu mundo como ele é. Ele não necessariamente mudará de um instante para outro, embora isso às vezes possa acontecer. Com perseverança, você alcançará o sucesso realizando o que podem parecer muitos milagres na sua vida.

No meu ritmo e ao meu modo, estou criando milagres na minha vida.

25 de março

Siga com o momento

Continue trabalhando com o processo de afirmação e visualização até alcançar o seu objetivo ou até não ter mais o desejo de alcançá-lo. Se perder o interesse, isso pode significar que chegou a hora de rever o que você deseja. Se concluir que um objetivo mudou, aceite esse fato. Aceitando, você não fica confuso nem se sente um fracassado; na verdade, você apenas mudou. Esteja disposto a seguir com o momento. É mais fácil ter clareza sobre o seu desejo quando você se dispõe a mudar de acordo com as mudanças da vida que ocorrem ao seu redor.

Eu mudo à medida que muda o fluxo da vida.

26 de março

O bem maior de todos

Não podemos usar a visualização criativa para controlar o comportamento de outras pessoas ou para levá-las a fazer o que não querem. O objetivo da visualização é remover as nossas barreiras internas que bloqueiam a harmonia natural e a autor-realização, possibilitando que todos se manifestem do modo mais positivo possível.

Manifestando o meu maior bem, possibilito que os outros manifestem o deles.

27 de março

Escrevendo os seus objetivos

Escreva os seus objetivos mais importantes para o próximo mês, seis meses, um ano, talvez cinco anos. Escreva cada objetivo em forma de afirmação, ou seja, numa frase, no tempo presente, como se ele já tivesse se realizado. Assim, em vez de dizer, "Quero morar num apartamento maior, mais ensolarado e mais bonito", escreva — "Estou morando num apartamento grande, ensolarado e bonito que eu amo." Isso o transformará num poderoso processo de visualização criativa.

Alcanço os meus objetivos com facilidade, sem esforço e harmoniosamente.

28 de março

Faça algo maravilhoso para si mesmo

Ao alcançar um objetivo, reconheça conscientemente que o seu desejo foi satisfeito. Muitas vezes obtemos coisas que estivemos desejando e visualizando, e esquecemos até de perceber que tivemos sucesso. Assim, felicite-se por isso. Faça algo maravilhoso para si mesmo e não se esqueça de agradecer ao universo a realização do seu pedido.

> Eu amo e agradeço a mim mesmo
> e ao universo dentro de mim.

29 de março

No espírito do Tao

O único modo eficaz de usar a visualização criativa é no espírito do Tao — seguir com o fluxo. Isso significa que você não precisa lutar para chegar aonde quer ir. Você apenas diz claramente ao universo aonde gostaria de ir, e então paciente e suavemente segue o fluxo do rio da vida até o lugar desejado ou até algum outro ainda melhor.

Confio pacientemente no poder do universo.

30 de março

Bolha cor-de-rosa

Relaxe, sente-se ou deite-se confortavelmente, feche os olhos e respire profundamente. Imagine alguma coisa que você gostaria de manifestar. Imagine que ela já aconteceu. Veja-a, perceba-a, sinta-a. Em seguida, envolva a sua fantasia numa bolha cor-de-rosa. Coloque o seu objetivo dentro da bolha. Rosa é a cor associada ao coração. Envolvendo o que você visualiza com a vibração dessa cor, ela lhe trará somente o que está em perfeita afinidade com o seu ser. Depois, solte a bolha e imagine-a afastando-se em direção ao universo. Libere-a, sabendo que o universo lhe trará o que você visualizou (ou algo ainda melhor) no momento oportuno.

O desejo do meu coração se torna realidade.

31 de março

Você é o criador incessante da sua vida

À medida que desenvolver o hábito de usar a visualização criativa e começar a confiar nos resultados que ela pode lhe proporcionar, você perceberá que ela se torna um estado de consciência em que você sabe que é o criador incessante da sua vida. Esse é o ponto culminante da visualização criativa: transformar cada momento da nossa vida num momento de criação maravilhosa em que escolhemos naturalmente a melhor, a mais bela e a mais realizadora vida que podemos imaginar.

A vida que vivo é minha criação mais extraordinária.

Outono

1º de abril

O louco

O arquétipo do louco pode relacionar-nos com um aspecto muito importante de nós mesmos. Ele é a imagem da pessoa inocente, pura, desembaraçada dos conceitos e estereótipos da mente racional, sofisticada, e por isso livre para perceber e vivenciar a vida diretamente como ela é de fato, no momento.

Neste dia, dispa-se da sua sofisticação adulta e permita-se sentir o prazer simples de uma criança. Seja o louco que, livre de conceitos complexos de como as coisas *deveriam* ser, usufrui a vida como ela é.

Um prazer inocente preenche todo o meu ser.

2 de abril

Nosso aspecto feminino

O aspecto feminino do nosso ser é o nosso eu intuitivo. Essa é a parte mais profunda e mais sábia de nós mesmos e é a energia feminina tanto nos homens quanto nas mulheres. É o aspecto receptivo, a porta aberta pela qual a inteligência superior do universo pode passar, a extremidade de entrada do canal. O nosso eu feminino comunica-se conosco através da intuição. As nossas inspirações interiores, sensações viscerais e imagens têm origem num lugar profundo dentro de nós.

Ouço e reverencio o meu feminino interior.

3 de abril

Nosso aspecto masculino

O nosso aspecto masculino é a ação. É a nossa capacidade de fazer coisas no mundo físico — pensar, falar, mover o nosso corpo. Seja você homem ou mulher, a sua energia masculina lhe possibilita agir. É a extremidade de saída do canal. O feminino recebe a energia criativa universal; o masculino a expressa no mundo através da ação. Temos assim o processo criativo.

Reverencio e expresso o meu masculino interior.

4 de abril

Ativo e receptivo

Duas são as maneiras básicas pelas quais podemos obter o que queremos na vida. O modo masculino, ativo, consiste em buscar o que você quer, ou *fazer* com que o seu desejo aconteça. O modo feminino, receptivo, consiste em atrair o que você deseja, ou *deixar* que ele aconteça. Em geral, sentimo-nos mais confortáveis com uma ou outra dessas maneiras. Seja você homem ou mulher, para ter pleno sucesso, você precisa desenvolver tanto as energias ativas como as receptivas.

Desenvolvo tanto as minhas energias ativas como as receptivas.

5 de abril

Acompanhando o ritmo natural da energia

As energias ativa e passiva dentro de nós têm ritmo natural. Às vezes a energia é forte e expansiva — é o momento de perseguir os nossos objetivos, assumir riscos, realizar coisas. Outras vezes ela é calma e sensível — é o momento de nos nutrirmos, relaxar e apenas "ser" por algum tempo. Confiando nesse ritmo e seguindo-o, atraímos tudo o que precisamos e criamos tudo o que realmente desejamos.

Acompanho o ritmo natural da minha energia.

6 de abril

Cure os seus sentimentos

Enquanto você está aprendendo a confiar na sua intuição, muitos velhos sentimentos e padrões emocionais profundos virão à superfície para ser curados e liberados — sentimentos de tristeza, medo, sofrimento, culpa, raiva e outros. Tome consciência desses sentimentos e aceite-os. Com essa atitude, eles começam naturalmente a se dissipar e curar. À medida que a luz da consciência penetra cada célula do seu corpo, ela expulsa a escuridão.

Curo os meus sentimentos na medida em que os aceito.

7 de abril

Dissolvendo a couraça externa

Muitos de nós fomos ensinados a ser muito intelectuais, muito ativos e muito exigentes com nós mesmos. Podemos ter uma intuição bem desenvolvida, mas não a pusemos a trabalhar. De fato, podemos ignorá-la quase por completo. Basicamente, protegemos os nossos sentimentos delicados e vulneráveis criando uma rígida couraça externa. Quando começamos a usar a nossa força e poder interior para cuidar de nós mesmos, quando respeitamos a nossa necessidade de relaxamento e quando protegemos os nossos sentimentos, a couraça externa se dissolve e nos deixa expostos, mas fortes.

Estou exposto, mas forte.

8 de abril

Deixe fluir os seus sentimentos

A aceitação dos nossos sentimentos tem relação direta com a possibilidade de sermos um canal criativo. Se os sentimentos não fluem, o canal fica bloqueado. O acúmulo dentro de você de muitas emoções reprimidas ou não expressas, de muitas vozes ressentidas, assustadas e raivosas dificulta-lhe ouvir a voz mais sutil da intuição. Encontre um lugar seguro, sozinho ou com um terapeuta ou grupo de apoio, e expresse os seus sentimentos com palavras, sons e movimentos.

Expresso e libero os meus sentimentos.

9 de abril

A mudança pode ser incômoda

Sendo honesto consigo mesmo, você se sentirá mais vivo, mas poderá sentir-se também desconfortável. Isso acontece porque você está ousando mudar! Ao passar por certas mudanças, você pode deparar-se com inúmeras emoções intensas, como medo, tristeza ou raiva. Deixe que essas emoções se expressem; afinal, seu guia interior precisa transpor anos de inconsciência, negação, dúvida e medo acumulados. Por isso, deixe que os seus sentimentos venham à tona e sejam depurados — assim você fica purificado e curado.

Aceito todos os sentimentos que acompanham a mudança e o crescimento.

10 de abril

Sinta mais alegria

A tristeza tem relação com a abertura do coração. Se você se permitir ficar triste, especialmente se puder chorar, o seu coração se abrirá mais e você sentirá mais amor e alegria.

Sentindo a minha tristeza, abro espaço para mais alegria.

11 de abril

Ouça os seus sentimentos

Se perceber a presença de um sentimento de infelicidade ou de infortúnio dentro de si mesmo, dê-lhe uma voz e ouça-o. Peça-lhe que fale com você e lhe diga o que ele sente. Procure ouvi-lo e dar atenção ao ponto de vista dele. Seja simpático, afável e incentivador com seus sentimentos. Pergunte o que você poderia fazer para cuidar melhor de si mesmo.

Hoje eu amo e incentivo todos os meus sentimentos.

12 de abril

Um momento de êxtase

Mais do que revelar um quadro real de uma vida consciente, alguns dos nossos modelos espirituais refletem as nossas "boas ideias". Muitos de nós queremos ser alegres, positivos e amorosos o tempo todo, o que na verdade é uma expressão da nossa necessidade de controlar, em vez de permitir e confiar que os nossos verdadeiros sentimentos se expressem. Quando abrimos mão da necessidade de controlar e confiamos cada vez mais em nós mesmos, possibilitando que todo o espectro de sentimentos venha à tona, experimentamos naturalmente o êxtase da vida.

*Não temo abrir mão do controle
e não receio sentir o êxtase da vida.*

13 de abril

Seja bom para si mesmo

Se estou triste, posso insinuar-me debaixo dos lençóis e chorar, reservando algum tempo para ser amoroso e afetuoso comigo mesmo. Ou posso encontrar alguém atencioso com quem possa falar e que me ouvirá até que alguns sentimentos se expressem e eu me sinta mais aliviado. Se estive trabalhando muito, aprendo a deixar as atividades um pouco de lado, por mais importantes que possam parecer. Dedico algum tempo ao lazer, tomo um banho quente, envolvo-me com a leitura de um romance. Se alguém que amo me pede algo que não estou disposto a dar, aprendo a dizer "não", com firmeza, mas também com amor. Creio que essa atitude será mais benéfica para a pessoa do que se eu a atendesse de modo contrariado. Desse modo, quando digo "sim", esse "sim" procede do fundo do coração.

Cuido bem de mim mesmo.

14 de abril

Renovando o corpo

Quando não seguimos o fluxo de energia, a vida se torna uma luta. O stress e a tensão buscam compensação na forma física. Rugas de preocupação se formam e o corpo começa a curvar-se sob o esforço que está fazendo. Se continuamos a bloquear a energia — momento após momento, dia após dia, ano após ano — o corpo se degenera mais rapidamente. Quando mudamos o padrão e começamos a confiar mais em nós mesmos, o corpo começa a se renovar, tornando-se mais saudável e pleno de energia.

Seguindo o fluxo da vida, o meu corpo se torna mais saudável e cheio de vitalidade.

15 de abril

Da mente para o corpo

A visualização criativa é o meio pelo qual comunicamos o conteúdo da mente para o corpo. É o processo de formar, consciente ou inconscientemente, imagens e pensamentos dos nossos desejos e então enviá-los para o corpo como mensagens claras. O corpo responde manifestando esses pensamentos e imagens em forma física. Quanto mais amorosas e positivas forem as mensagens que enviamos, mais saudável, mais forte e mais cheio de vida se torna o nosso corpo.

Envio mensagens claras e amorosas da mente para o corpo.

16 de abril

Ame o seu corpo

Mostre ao seu corpo o quanto você o aprecia e o respeita. Você pode ter criticado, julgado e rejeitado o seu corpo durante muitos anos. Ele reagirá rapidamente ao amor e à energia. Você se sentirá mais leve e mais energizado. Você começará a parecer mais bonito. As rugas no seu rosto se suavizarão. Você brilhará com vigor e saúde. Você se surpreenderá com os resultados do amor dedicado ao seu corpo.

Eu aprecio, amo e respeito o meu corpo.

17 de abril

Expresse a beleza do seu espírito

Descobrindo novas maneiras de apreciar o seu corpo, você observará que ele muda e se torna mais leve, mais forte, mais claramente definido e mais belo. Você terá uma sensação da luz que brilha através de você. Como a sua vida é criação sua e reflexo da sua transformação, todas as mudanças em você expressarão cada vez mais o poder e a beleza do seu espírito.

O meu corpo é uma bela expressão do meu espírito.

18 de abril

Aceite o melhor

Para muitos de nós é difícil aceitar o melhor. Isso normalmente provém de alguns sentimentos básicos de desmerecimento que incorporamos ainda na infância. Se você tem dificuldade para imaginar-se nas melhores condições possíveis, este pode ser o momento de examinar com atenção a imagem que você tem de si mesmo. Aceitando e amando a si mesmo, você desejará e será capaz de aceitar o melhor que a vida tem a lhe oferecer.

Mereço o que há de melhor na minha vida.

19 de abril

Autoimagem

Para entrar em contato com a sua autoimagem, pergunte-se em várias oportunidades ao longo do dia: "Como me sinto neste momento?" Observe que ideias ou imagens de si mesmo surgem em sua mente em diferentes ocasiões. Perceba se usa expressões negativas ou depreciativas a seu respeito com frequência. Depois de dar-se conta das diversas manifestações que mostram o quanto você não se ama, comece a dizer-se regularmente coisas positivas, amorosas e de valorização. Pense em qualidades específicas que você aprecia em si mesmo.

Eu me amo e me valorizo como sou agora.

20 de abril

Lista de autoestima

Imagine que você é o seu melhor amigo. Descreva-se exatamente como o seu amigo o descreveria se ele estivesse falando de você com uma terceira pessoa. Use o seu nome e fale sobre todas as suas boas qualidades e características. "Sempre posso recorrer a João quando preciso de ajuda" ou "João tem ótimo senso de humor e sempre me faz rir quando me levo muito a sério".

Ao fazer esse exercício, peça a alguém que anote o que você descreve sobre si mesmo. Assim você tem o início da sua lista de autoestima, que pode receber acréscimos diários. Quanto mais amamos a nós mesmos, mais próximos estamos do nosso eu superior.

Estou me tornando o meu melhor amigo.

21 de abril

Forma — uma criação em desdobramento

O espírito é a energia do universo, o ser superior. A forma é o mundo físico. Quando o nosso espírito decide se manifestar como forma física, escolhemos uma situação de vida e criamos um corpo de acordo com o que melhor nos servirá e ensinará nesta vida. Enfim, o nosso objetivo é criar uma forma que faça tudo o que o nosso espírito quer fazer com facilidade e beleza. Entretanto, é preciso tempo para manifestar forma. Por isso, precisamos ter paciência e amor pelo processo criativo em desdobramento.

Respeito e amo a minha forma como criação minha.

22 de abril

Lembrando-nos de quem somos

Depois de nascer, esquecemos quem realmente somos e por que viemos para este mundo. Assumimos a "consciência de sobrevivência" do mundo físico e nos perdemos no mundo da forma. Perdemos o contato com o nosso verdadeiro poder e com a nossa origem espiritual. A vida se torna uma luta formidável para encontrar sentido e satisfação. Estamos nos lembrando cada vez mais da nossa relação com o divino e começando a sentir a presença do poder superior em nossa vida.

Sou um belo espírito criando uma bela forma.

23 de abril

Temos tudo o que precisamos

Podemos aprender a viver no mundo da forma — nosso corpo físico, personalidade e ambiente físico — sem perder o contato com o nosso espírito. Podemos ter tudo o que o mundo pode oferecer, e no entanto estar dispostos a abandonar tudo, se necessário. Como o universo dentro de nós é rico e poderoso, sabemos intuitivamente que temos tudo o que precisamos.

Posso relaxar e confiar porque sei que tenho dentro de mim tudo o que preciso.

24 de abril

Reconheça tanto o espírito como a forma

O primeiro passo para integrar conscientemente forma e espírito é ser capaz de reconhecer e sentir a consciência do seu espírito e ao mesmo tempo a consciência da sua forma. O espírito pode querer tomar a dianteira, mas precisa aprender a andar no mesmo ritmo da forma.

Posso sentir tanto a minha forma como o meu espírito.

25 de abril

Integre sua forma e seu espírito

Ame e aceite ambos os aspectos de si mesmo — a forma *e* o espírito. Ambos são partes suas, belas e essenciais. Sem o espírito, você não estaria vivo; sem a forma, você não poderia existir no mundo físico. Você existiria em alguma outra esfera de consciência. O segredo para integrar espírito e forma é aprender a ouvir a sua intuição e agir de acordo com ela.

Amo e aceito tanto o meu corpo como o meu espírito.

26 de abril

Crie equilíbrio interior

Sente-se numa posição confortável, com as costas eretas. Feche os olhos. Relaxe o corpo completamente. Imagine uma longa corda que inicia na base da sua coluna, atravessa o piso e penetra na terra. Ela se chama corda da estabilidade. Depois imagine a energia da terra subindo por essa corda, passando por todas as partes do seu corpo e saindo pelo topo da cabeça. Em seguida imagine a energia do cosmos entrando pelo topo da cabeça, permeando o seu corpo, descendo pelos pés e pela corda de estabilidade e penetrando na terra. Sinta essas duas correntes seguindo direções diferentes e misturando-se harmoniosamente no seu corpo. Essa visualização cria um equilíbrio que aumenta a sua sensação de bem-estar e o seu poder de manifestação.

Estou estabilizado e centrado.

27 de abril

Aprendendo a canalizar o eu superior

Praticamente todas as técnicas de meditação podem levá-lo a uma experiência de si mesmo como fonte, ou ao seu "eu superior". Se tiver dúvidas sobre o que seja essa experiência, continue praticando relaxamento, visualizações e afirmações. Por fim, você começará a perceber que em certos momentos durante a meditação ocorre uma mudança na sua consciência, como se algo estivesse realmente acontecendo. Você pode sentir a energia fluindo ou um brilho quente, radiante, em seu corpo. Você está começando a canalizar a energia do seu eu superior.

Estou em contato cada vez maior com o meu eu superior.

28 de abril

Seja paciente consigo mesmo

Quando toma consciência da presença do seu eu superior pela primeira vez, você pode se sentir forte, lúcido e criativo num momento e voltar à confusão e à insegurança no momento seguinte. Essa alternância parece fazer parte do processo. Sempre que sentir esses extremos, é realmente importante você amar a si mesmo.

Confio no meu processo.

29 de abril

Você tem um amigo

Temos dentro de nós toda a sabedoria e conhecimento que precisamos. Eles nos estão disponíveis através da nossa mente intuitiva. Uma das melhores formas de nos conectarmos com essa sabedoria interior é encontrar e conhecer o nosso guia, conselheiro, amigo imaginário ou ser interior. Você pode pensar nele como uma pessoa ou um ser com quem você pode falar e relacionar-se como um amigo sábio e amoroso.

Tenho um amigo sábio e amoroso dentro de mim.

30 de abril

Encontrando o seu guia interior

Feche os olhos e relaxe profundamente. Entre no seu santuário interior. Imagine um caminho à sua frente. Comece a percorrer esse caminho. Veja à distância uma forma vindo na sua direção, irradiando uma luz intensa. Aproximando-se dessa forma, observe sua aparência, veja como está vestida, se é homem ou mulher. Saúde esse ser, pergunte seu nome. Registre qualquer nome que surgir. Pergunte se há alguma coisa que ele ou ela gostaria de lhe dizer. Você pode fazer perguntas específicas. Quando a experiência desse encontro parecer concluída, agradeça ao seu guia. Expresse sua gratidão e peça-lhe para se encontrarem novamente, quando você quiser.

Neste momento estou em contato com o meu guia interior sábio.

1º de maio

Dê ao seu feminino interior a posição de guia

Cada um de nós, homem ou mulher, tem dentro de si um masculino *e* um feminino. A mulher interior representa a intuição, a porta para a inteligência superior. O masculino ouve a mulher e ampara os sentimentos dela. A verdadeira função da energia masculina é dar clareza, direção e força com base no que dizem os sentimentos intuitivos nascidos do feminino interior.

Para viver uma vida harmoniosa e criativa, você precisa ter as energias internas feminina e masculina plenamente desenvolvidas e trabalhando juntas corretamente. Para integrar totalmente o masculino e o feminino, você precisa dar ao seu feminino interior, a sua intuição, a posição de guia, com a energia masculina sustentando-a.

Meu masculino interior dá sustentação ao meu feminino interior.

2 de maio

Passando do medo para a confiança

O poder feminino, o poder do espírito, está sempre dentro de nós. Cabe à energia masculina determinar como nos relacionamos com esse poder. Podemos combatê-lo, bloqueá-lo, tentar controlá-lo, tentar manter-nos separados dele, ou podemos confiar e abrir-nos para ele, aprender a apoiá-lo e seguir com ele. Individual e coletivamente, estamos passando de uma posição de medo e controle para uma posição de entrega e confiança no intuitivo.

O meu masculino interior apoia totalmente, ama e expressa a minha intuição feminina.

3 de maio

Plenitude interior

Podemos não ter consciência da presença das energias feminina e masculina em cada pessoa. Quase sempre tendemos a associar essas energias com as suas respectivas formas físicas. Dessa perspectiva, cada pessoa seria apenas metade pessoa, dependendo da outra metade para existir. Como não podemos viver efetivamente no mundo sem o repertório completo das energias masculina e feminina, a sobrevivência de cada sexo depende irremediavelmente do sexo que lhe é oposto. Agora, à medida que nos conscientizamos das qualidades masculinas e femininas dentro de nós, podemos viver a experiência de um senso profundo de plenitude.

Aceito tanto a energia masculina como a feminina dentro de mim; eu me sinto pleno.

4 de maio

Expressando o poder diretamente

O nosso poder feminino não pode entrar diretamente no mundo físico sem o apoio da nossa ação masculina. Sem essa ação, o nosso poder é reprimido e manifesta-se indiretamente através de padrões de manipulação, de sintomas físicos ou de modos inesperadamente desfocados — explosões emocionais e até atos de violência. À medida que expressamos os nossos sentimentos e necessidades diretamente, a necessidade de manipular se dissipa e nós começamos a sentir o nosso poder inerente.

Reconheço e expresso o meu poder diretamente.

5 de maio

Mudar velhas perspectivas

Estamos mudando o nosso modo de ver o mundo. Na nossa cultura, temos usado a energia masculina, a nossa capacidade de pensar e agir, para reprimir e controlar a nossa intuição feminina, em vez de apoiá-la e expressá-la. Chamo esse uso patriarcal tradicional da energia masculina de "velho" masculino, e ele existe igualmente em homens e mulheres. Agora podemos começar a usar a nossa energia masculina de modo diferente apoiando e dando ouvidos à nossa intuição feminina.

Agora uso a minha energia masculina para expressar a minha orientação intuitiva.

6 de maio

O alimento interior

Tradicionalmente, os homens estiveram desconectados da sua energia feminina e, portanto, da vida, do poder e do amor.

Os homens estiveram no mundo sentindo-se interiormente impotentes, sós e vazios, embora precisem fingir que estão no controle e são poderosos. Eles procuram alimento e conexão interior através das mulheres, mas quando se conectam com seu próprio feminino, recebem o incrível amor feminino que está neles mesmos.

Meu feminino interior me alimenta com um amor imenso.

7 de maio

Apoio interior

Tradicionalmente, as mulheres estiveram em contato com sua energia feminina — intuição e sentimento — mas não a sustentaram com sua energia masculina. Elas não reconheceram o que sabem internamente. Agiram como se fossem impotentes, todavia são realmente muito poderosas. Elas procuraram apoio externo e valorização nos homens. À medida que as mulheres afirmarem seu masculino interior e lhe permitirem apoiar sua energia feminina, elas se sentirão mais femininas e poderosas.

Meu masculino interior me apoia e me valoriza.

8 de maio

Valorizamos a nós mesmos

Todos nós, homens e mulheres, estivemos procurando valorização externa mais do que o reconhecimento do que sabemos e de quem somos. Aprendendo a equilibrar a intuição feminina com a ação masculina, passamos de um estado de impotência para um estado de poder. Então não somos mais tão dependentes da aprovação de outras pessoas porque estamos valorizando a nós mesmos.

Eu valorizo quem eu sou.

9 de maio

Valorizando-se

Segue um exercício que o ajuda a apreciar-se e valorizar-se: Diante do espelho, olhe-se diretamente nos olhos. Com voz clara e forte faça essa afirmação para si mesmo, "(*Primeiro nome*), uma coisa que eu realmente gosto a seu respeito é..." e termine a frase com alguma coisa que aprecia em você. Pode ser uma qualidade da sua personalidade, um aspecto da sua aparência ou uma ação praticada que o deixa orgulhoso. Repita esse processo pelo menos dez vezes, sempre mencionando um atributo positivo diferente.

Se possível, faça esse exercício todos os dias durante pelo menos uma semana; depois, uma vez por semana.

Eu gosto de mim mesmo.

10 de maio

Sua relação com você mesmo

Nos relacionamentos do "velho mundo", o foco estava sobre a outra pessoa e na relação em si. Você se comunicava com o objetivo de fazer com que a outra pessoa compreendesse você, lhe desse o que você precisava. Nos relacionamentos do "mundo novo", o foco principal está na construção do seu relacionamento com você mesmo e com o universo. Você comunica os seus sentimentos principalmente com o objetivo de manter o seu canal limpo, para que a força vital continue fluindo livremente através de você.

Estou construindo uma relação amorosa comigo mesmo e com o universo.

11 de maio

Não é preciso sacrificar-se

A maioria das pessoas acredita que o sacrifício e a condescendência são necessários para preservar um relacionamento. Essa ideia baseia-se numa interpretação errônea da natureza do universo. O universo é amoroso e abundante, e todos podemos receber tudo o que realmente precisamos sem sacrificar o que é importante para nós. Quando aprendemos a sentir e expressar as nossas necessidades honesta e claramente para nós mesmos e para as pessoas que amamos, começamos naturalmente a ouvir mais profundamente as necessidades dos outros. Na superfície, muitas vezes parece haver conflito entre as nossas necessidades e as dos outros, mas com paciência e honestidade descobriremos uma verdade subjacente em que cada pessoa pode ter as suas necessidades atendidas.

Expresso as minhas necessidades honestamente, ouço as necessidades dos outros, e busco a verdade mais profunda.

12 de maio

Amando todas as partes de nós mesmos

É importante aceitar e vivenciar todos os nossos sentimentos, inclusive os que chamamos de emoções negativas, sem querer mudá-los. Ao mesmo tempo, podemos criar uma nova perspectiva com relação a nós mesmos, aceitando e amando tudo o que nos constitui, e não apenas o que já apreciamos. Aceitando e expressando os nossos sentimentos, criamos uma relação íntima e amorosa com nós mesmos.

Aceito e vivencio todos os meus sentimentos.

13 de maio

Expresse-se diretamente

Se você está sempre "esperando" ser, fazer ou ter o que quer, a sua energia fica bloqueada. O seu corpo pode refletir isso como "peso" em excesso ou com outros problemas físicos. Expresse-se diretamente. Estabeleça limites claros com outras pessoas e faça o que você precisa fazer para cuidar bem de si mesmo. A energia então se movimentará livremente por seu corpo e essa circulação ajudará a dissolver o excesso de peso. Quanto mais estiver disposto a ser você mesmo, menos precisará usar o alimento como substituto. Você estará recebendo o alimento natural do universo.

É saudável eu me expressar clara e diretamente.

14 de maio

Recuperando o seu poder

Quando reprimimos o nosso poder natural de expressar a nós mesmos e fazer escolhas, permitindo que as pessoas tenham poder indevido sobre nós, sentimo-nos impotentes e vítimas. Isso nos deixa com raiva. Como estamos assustados com a nossa raiva, tendemos a reprimi-la, abafando também outras emoções. Para muitas pessoas que estão se tornando mais conscientes, entrar em contato com a raiva é um sinal muito positivo. Significa que estamos recuperando o nosso poder.

Quando sinto a minha raiva, recupero o meu poder.

15 de maio

O domínio da nossa vida

Quando estiver com raiva, dê os passos práticos que forem necessários para cuidar de si mesmo, expressar suas necessidades ou estabelecer limites. Mas não dê atenção demasiada aos problemas externos. Em vez disso, admita que você sente raiva por causa da perda do seu poder. Entrando em contato mais estreito com o nosso poder e expressando-o direta e assertivamente, deixamos de nos sentir impotentes e irritados. Assim adquirimos o domínio sobre a nossa vida.

Sou o mestre da minha vida.

16 de maio

Expressando a raiva com segurança

É frequente as pessoas se assustarem com a própria raiva. Elas temem que a raiva possa levá-las a cometer atos condenáveis. Se você tem esse temor, crie uma situação segura em que possa expressar sua raiva, sozinho, com um terapeuta ou com um amigo de confiança. Esbraveje com toda fúria possível, soqueie almofadas, enfim, faça o que lhe der vontade. Fazendo isso num ambiente seguro, você soltará parte da carga, podendo então examinar o que há por trás da raiva para descobrir o que você precisa fazer para cuidar melhor de si mesmo. Como qualquer emoção, a raiva é um instrumento valioso que nos mostra quem somos e como nos sentimos.

Encontro modos e lugares seguros para expressar a minha raiva.

17 de maio

Aprenda a afirmar-se

Você transforma a raiva em poder pessoal aprendendo a afirmar-se. Aprenda a se perguntar o que quer e a fazer o que deseja sem se deixar influenciar indevidamente por outras pessoas. Deixando de ceder o seu poder a outras pessoas, você não sentirá mais o mesmo tipo de raiva, mas se sentirá seguro, forte e honesto.

Hoje eu digo o que quero dizer e faço o que quero fazer.

18 de maio

Entre em contato com a criança ferida

Se você é uma pessoa que sentiu e expressou muita raiva na sua vida, pode agora procurar a ferida que se esconde debaixo dessa raiva e expressar esses sentimentos. Você não precisa mais usar a raiva como mecanismo de defesa contra sua vulnerabilidade. Para curar a sua raiva, entre em contato com a criança ferida dentro de você. Aprenda a amar, alimentar e proteger essa pequena criança.

> Estou aprendendo a proteger e a cuidar
> da criança vulnerável dentro de mim.

19 de maio

Expresse sentimentos de mágoa diretamente

A mágoa é uma expressão de vulnerabilidade. Tendemos a mascará-la com atitudes defensivas e culpa. É importante expressar sentimentos de mágoa diretamente e, se possível, de modo a não incriminar. Por exemplo, você pode dizer "Eu me senti realmente chateado quando você não me convidou para ir com você", em vez de usar palavras como "Você não se preocupa com os meus sentimentos".

A exposição dos nossos verdadeiros sentimentos, inclusive os de mágoa ou tristeza, pode ser assustadora, mas ela cria abertura, partilha e intimidade.

Acolho e expresso a minha vulnerabilidade.

20 de maio

Permita-se sentir pesar

O pesar é uma forma intensificada de tristeza relacionada com a morte ou com o fim de alguma coisa. É muito importante sentirmos o pesar em toda sua intensidade, sem recorrer a artimanhas para evitá-lo. Às vezes ele pode durar muito tempo ou recorrer espaçadamente durante um longo período. Aceite-o e dê a si mesmo todo o conforto que precisar sempre que o pesar reaparecer. É um paradoxo não conseguirmos realmente liberar ou terminar alguma coisa sem nos entristecermos com isso. As lágrimas escorrem através de nós, nos deixam purificados e criam espaço para algo novo.

Permitindo-me sentir pesar, eu curo a tristeza e crio espaço para o novo.

21 de maio

Um novo nível de rendição

Às vezes a tristeza e o pesar levam à desesperança. A desesperança pode levar à rendição. Quando se sente sem esperança, você está se rendendo e reconhecendo que nenhum dos seus velhos padrões está funcionando. Permitindo-se realmente render-se e sentir totalmente a impotência, você entrará num novo nível de rendição ao universo, um nível que lhe trará paz e nova esperança.

Estou me rendendo ao universo.

22 de maio

Primeiro as pequenas coisas

Se você está apenas começando a aprender a confiar na sua intuição e a segui-la, provavelmente não quererá saltar do alto de um prédio, esperando poder voar. É importante dar pequenos passos antes. Pratique seguir sua intuição nas coisas de cada dia, confiando nos seus sentimentos mais profundos momento a momento e agindo de acordo com eles da melhor forma possível. Aprendendo a confiar em si mesmo nas pequenas coisas, você acumulará força e confiança para assumir riscos maiores e lidar com problemas mais complexos com sucesso.

Pouco a pouco estou construindo confiança em mim mesmo e no universo.

23 de maio

Dinheiro é reflexo

O dinheiro é um símbolo que representa energia. O seu dinheiro é um reflexo da energia que se movimenta pelo seu canal. Quanto mais você aprender a operar no mundo baseado na confiança em sua intuição, mais resistente será o seu canal e com maior probabilidade você terá dinheiro suficiente para as coisas que realmente precisa e deseja. O dinheiro na sua vida baseia-se na sua capacidade de ouvir o seu guia interior e de se arriscar a agir de acordo com o que ele lhe diz. O dinheiro entra de um modo fácil, sem esforço e satisfeito porque não há sacrifício envolvido. Você não está mais apegado a ele. Antes, pode sentir a alegria de aprender a seguir a energia do universo. Dinheiro é apenas um bônus extra no processo.

Confiando em mim mesmo,
o dinheiro me chega com facilidade.

24 de maio

Equilibre o seu talão de cheques

Em questões de dinheiro, o equilíbrio é tão importante quanto em qualquer outro setor da nossa vida. Se você tem sido descuidado e despreocupado com o dinheiro, ou se tem negado sua existência ou importância, talvez você precise prestar mais atenção aos detalhes de como controlá-lo. Aprenda a equilibrar o seu talão de cheques mensalmente e siga um orçamento. Se entender essas práticas como formas de desenvolver a sua capacidade para administrar o dinheiro com sucesso, você as considerará interessantes. Elas não restringirão a sua satisfação, mas abrirão caminho para que mais energia e mais dinheiro passem a integrar a sua vida.

Gosto de administrar o dinheiro com cuidado e eficácia.

25 de maio

Torne-se menos rigoroso!

Se você sempre poupou o seu dinheiro e tem sido muito cauteloso em gastá-lo, talvez você precise aprender a controlá-lo um pouco mais livremente. Não há necessidade de assumir grandes riscos. Comece com pequenos passos, gastando um pouco mais do que gastaria habitualmente, com base em algum sentimento intuitivo que você poderia ter para dar a si mesmo e a outros. Isso o ajudará a criar mais prosperidade e contentamento na sua vida.

Posso usufruir o meu dinheiro sem maiores receios.

26 de maio

Correndo riscos com trabalho e dinheiro

Esteja disposto a correr alguns pequenos riscos nas áreas do trabalho e do dinheiro. Se só fazemos o que achamos que *deveríamos* fazer para ganhar dinheiro e estar seguros, não ouviremos a voz da intuição que nos diz para tentar alguma coisa nova, sermos mais criativos ou darmos o próximo passo no nosso caminho. Quando ouvimos a nossa intuição e assumimos alguns riscos, não estamos sozinhos. O universo nos apoiará e recompensará por corrermos riscos confiando nele.

O universo me recompensa por eu tentar coisas novas.

27 de maio

Cena ideal

Faça uma lista de todas as fantasias que você teve com relação a trabalho, carreira ou uma atividade criativa. Escreva uma cena ideal, uma descrição do seu emprego perfeito ou da sua carreira como você gostaria que ela fosse. Escreva no tempo presente, com descrição e detalhe que a façam parecer real. Em seguida, feche os olhos e experimente a sensação de ter a sua fantasia ou cena ideal transformada em realidade. Veja-se tendo tudo o que você quer e observe como o seu corpo reage a essa possibilidade. Procure reviver essas sensações ao longo do dia; os passos necessários para fazê-la acontecer se revelarão um por um.

Os meus sonhos estão se tornando realidade.

28 de maio

Tenha tudo o que você realmente deseja

O universo é naturalmente abundante. As coisas que você realmente precisa ou deseja estão aqui, esperando que você as peça. Acredite que você pode ter as coisas que quer, deseje-as com todas as suas forças e esteja aberto para recebê-las.

Acredito na abundância, desejo abundância, recebo abundância.

29 de maio

A lei da atração

A energia de uma determinada qualidade ou vibração tende a atrair energia de qualidade e vibração semelhantes. Pensamentos e sentimentos têm sua própria energia magnética, atraindo energia de natureza semelhante. Podemos ver esse princípio na prática, por exemplo, quando casualmente encontramos alguém em quem acabamos de pensar ou pegamos um livro que contém exatamente as informações que precisamos naquele momento.

Estou atraindo tudo o que preciso.

30 de maio

Espere o melhor

Quando somos negativos e temerosos, inseguros ou ansiosos, tendemos a atrair exatamente as experiências, situações ou pessoas que estamos tentando evitar. Atraímos essas experiências para tomarmos consciência dos nossos medos mais profundos e curá-los. Quando alimentamos uma atitude positiva, esperando e antevendo prazer, satisfação e felicidade, tendemos a atrair e criar pessoas, situações e eventos correspondentes a essas expectativas. Por isso, quanto mais pudermos imaginar e aceitar o nosso bem maior, mais ele passa a se manifestar na nossa vida e mais poder e liberdade sentiremos.

Hoje espero prazer e satisfação.

31 de maio

Estabeleça objetivos mensais

Uma vez por mês, faça uma lista de cinco ou seis objetivos importantes em sua vida, coisas nas quais você gostaria de concentrar a sua energia nesse momento ou num futuro próximo. Alguns deles podem ser de curto prazo, outros de longo prazo, mas são eles que atraem toda a sua atenção. Com objetivos imediatos, seja realista; com objetivos mediatos, seja expansivo e idealista. Eles podem variar de um mês para o outro. O propósito implícito no ato de escrever os seus objetivos é abrir e expandir a sua imaginação e também ajudá-lo a concentrar-se nas coisas que são realmente importantes para você.

Estou expandindo a minha imaginação.

1º de junho

O hábito de ouvir a minha intuição

Constitui hábito constante interiorizar-me para entrar em contato com a minha intuição. Procuro fazer isso regularmente durante o dia. Se percebo que estou me dispersando em atividades externas, faço um exame interior para ver se estou sendo coerente com os meus sentimentos. Essa atitude mantém o fluxo do universo em movimento dentro de mim.

Lembro-me de ouvir a minha intuição.

2 de junho

Mais força vital

À medida que aprendemos a prestar atenção às nossas sensações intuitivas, a seguir a nossa energia e a viver a nossa verdade, sentimos a força vital fluindo através de nós com abundância sempre maior. Essa sensação de maior vitalidade é tão maravilhosa que se torna o nosso foco principal e fonte de realização.

Sinto a força vital fluir através de mim.

3 de junho

Desapegando-se das coisas externas

Quando seguimos a nossa energia, sentimo-nos menos apegados às coisas externas da vida. Quando sentimos que a nossa satisfação procede da conexão com a nossa energia vital, perde importância o fato de as coisas acontecerem ou não como planejamos. Quando nos mantemos verdadeiros com relação a nós mesmos, os aspectos externos da vida refletem a nossa integridade interior. Atraímos e criamos ao nosso redor exatamente o que o nosso coração e a nossa alma realmente desejam.

Deixando de controlar, atraio os desejos do meu coração.

4 de junho

Vivendo a sua verdade

A partir de um lugar profundo e silencioso, procure sentir a força da vida dentro de você. Imagine que você está seguindo a sua energia, sentindo-a, confiando nela, movendo-se com ela em cada momento da vida. Você está sendo totalmente verdadeiro consigo mesmo, falando e vivendo a sua verdade. Você se sente vivo e fortalecido. Imagine que você está expressando a sua criatividade de modo pleno e livre, desfrutando essa experiência. Sendo quem você é e expressando a si mesmo, você está produzindo um efeito curativo e revigorante sobre todos os que você encontra e sobre o mundo ao seu redor.

Quando sou verdadeiro comigo mesmo, produzo um efeito positivo sobre o mundo ao meu redor.

5 de junho

Novas direções

Você pode esperar que a sua intuição o leve a direções novas e diferentes. Se você se sente bem com um tipo de personalidade ou padrão, provavelmente será solicitado a expressar o contrário. É bom saber disso, especialmente quando você está no processo de aprender a ouvir a sua orientação interior. Uma boa diretriz poderia ser "espero o inesperado".

Estou aberto a descobrir novas partes de mim mesmo.

6 de junho

Faça menos

Se você é acima de tudo uma pessoa ativa, que faz as coisas, quase seguramente a sua intuição o levará na direção do fazer menos. Suas sensações o estimularão a parar, relaxar e tirar um dia (uma semana ou seis meses!) de folga, passar mais tempo consigo mesmo, passar mais tempo junto à natureza, passar mais tempo sem nenhum plano ou lista, e simplesmente seguir a energia como você a sente.

*Estou aprendendo a relaxar
e a me divertir comigo mesmo.*

7 de junho

Faça mais

Se você se sente mais à vontade "sendo" do que fazendo, o seu guia interior seguramente o estimulará a agir mais, a expressar mais e a assumir mais riscos no mundo. O segredo é você seguir os seus impulsos e procurar fazer coisas que normalmente não faria. Você não precisa saber por que está fazendo alguma coisa ou obter algum resultado específico da sua ação inicialmente. É importante apenas agir com espontaneidade com relação às suas sensações, especialmente quando se trata de lidar com outras pessoas, de expressar a sua energia criativa no mundo, de ganhar dinheiro ou de qualquer outra coisa que você normalmente evitaria.

Estou agindo para me expressar de novas maneiras.

8 de junho

Alguém sempre cuida de você

Saiba que o seu dinheiro não é seu realmente, mas pertence ao universo. Você é como um zelador ou administrador do dinheiro, usando-o somente de acordo com as orientações da sua intuição. Você não precisa ter medo de perder quando sabe que alguém sempre cuida de você.

*Eu cuido do dinheiro do universo
e o universo cuida de mim.*

9 de junho

Dar e receber

O universo é feito de energia pura, e a natureza dessa energia é movimentar-se e fluir. Quando entramos em sintonia com o ritmo do universo, somos capazes de dar e receber livremente, sabendo que de fato nunca perdemos nada, mas ganhamos constantemente. Quando damos a nossa energia, abrimos espaço para que mais energia entre em nós. Como damos, assim também recebemos.

Eu dou e recebo livremente.

10 de junho

Mantenha-se aberto ao fluxo

Às vezes, quando temos medo, ou nos sentimos inseguros e preocupados ou acreditamos na escassez, interrompemos o fluxo maravilhoso da energia do universo. A abundante energia do universo flui para nós de muitas formas: amor, afeição, apreciação, dinheiro, posses materiais, amizade, para citar algumas.

É importante manter a consciência aberta para receber todas as bênçãos que o universo tem para nós.

Estou aberto para receber a energia universal em todas as suas formas.

11 de junho

Dar é divertido

Quanto mais recebemos, mais precisamos dar. Quando encontramos aquele lugar dentro de nós que dá, começamos a criar um fluxo para fora. O ato de dar aos outros não deve proceder de um sentido de sacrifício, da pretensão de sermos melhores ou de algum conceito de espiritualidade, mas do puro prazer de dar, porque é divertido. O verdadeiro dar só pode proceder de um espaço amoroso e pleno.

Como dou a mim mesmo, é divertido dar aos outros.

12 de junho

O princípio da efusão-infusão

À medida que damos vazão à nossa energia amorosa, abrimos espaço para que mais energia flua para nós. E quanto mais você dá de si mesmo, mais recebe do mundo, por causa do princípio da efusão-infusão. Quando algo sai, abre-se espaço para que outra coisa ocupe o seu lugar. O dar torna-se sua própria recompensa. Lembre-se sempre de que você não pode dar se ao mesmo tempo não estiver aberto para receber. Dar também inclui dar a si mesmo.

Assim como dou, também recebo.

13 de junho

Dê amor e consideração

Sente-se agora mesmo e faça uma lista de pessoas a quem você gostaria de dar amor e consideração. Imagine uma forma de fazer isso com cada uma delas durante a próxima semana. Por exemplo, você poderia tocar a pessoa, telefonar-lhe, enviar-lhe um presente, dar-lhe algum dinheiro, enfim qualquer coisa que faça você se sentir bem. Exercite-se a usar uma maior quantidade de palavras de agradecimento, consideração e admiração pelas pessoas.

Dou amor e consideração aos outros.

14 de junho

Descubra o que é certo para você

O que torna o seu corpo saudável, forte e belo é você saber amar e confiar em si mesmo. Comece esse aprendizado tomando consciência de todas as "regras" que ouviu sobre como deve olhar, o que deve comer, como deve praticar exercícios e assim por diante.

Prestando atenção a essas regras, você pode entrar em sintonia com as suas sensações intuitivas com relação ao que é *realmente* certo para você.

Estou descobrindo o que é certo para mim.

15 de junho

O seu corpo sabe

Em última análise, o seu corpo e a sua intuição são os melhores guias com relação ao que é bom para você e a como cuidar de você. O seu corpo fará você saber o que ele precisa comer e como quer se movimentar e exercitar. Se você precisar de mais informações e estrutura, o seu guia interior pode ajudá-lo a encontrar o curso apropriado, o livro, a nutricionista, o treinador ou o que quer que seja necessário.

O meu corpo sabe o que precisa.

16 de junho

Confie em si mesmo

As pessoas geralmente reagem assustadas quando sugiro que confiem em si mesmas e sigam as necessidades do seu corpo. Elas acham que terão de ficar na cama o dia todo, comer chocolate e ganhar peso. Se você tem algum vício relacionado com a alimentação, procure um conselheiro ou um grupo de apoio para descobrir as causas desse vício e tentar controlá-lo. Procure ouvir e seguir o que o seu corpo *realmente* quer. Confie em si mesmo. Você começará a perceber e sentir como o seu espírito é — vivo e cheio de energia, belo e jovem.

Confio no meu corpo, confio em mim mesmo.

17 de junho

Encarando o nosso inconsciente

Quando arriscamos a nos expressar com mais liberdade e honestidade, parte do que dizemos é rude, distorcido, inconsequente ou irrefletido. Quando aprendemos a agir baseados nos nossos sentimentos interiores, todos os bloqueios que criamos para nós mesmos no passado afluem à consciência e se desfazem. Nesse processo, precisamos estar dispostos a encarar a nossa falta de consciência sem julgar-nos, mas com compaixão por nós mesmos. Desse modo podemos reparar as nossas distorções e tornar-nos seres mais conscientes.

Aceito e expresso o modo como me sinto.

18 de junho

Precisamos dos reflexos

Cuidar de si mesmo não significa "fazer tudo sozinho". Criar uma boa relação consigo mesmo não é algo feito no vazio, sem relacionar-se com outras pessoas. Caso fosse assim, todos poderíamos ser eremitas por alguns anos até chegarmos a um relacionamento perfeito com nós mesmos, e depois simplesmente aparecer e de repente termos relacionamentos perfeitos com outros. Precisamos construir e fortalecer a nossa relação com nós mesmos no mundo da forma por meio da interação com outras pessoas.

Meus relacionamentos com as outras pessoas me ajudam a construir a minha relação comigo mesmo.

19 de junho

Quanto maior a atração, maior o aprendizado

Descobri que quando confio na minha energia e a sigo, ela me induz a relacionar-me com pessoas de quem tenho muito a aprender. Quanto maior a atração, *maior o aprendizado*. Minha energia seguidamente me leva a situações de aprendizado mais profundo. Não preciso entrar ou permanecer numa relação que não é boa para mim, mas se opto por rompê-la, ainda assim posso reconhecer a dádiva e o ensinamento que recebi.

Aceito meus relacionamentos como meus professores.

20 de junho

Reconhecendo as nossas necessidades

São as nossas necessidades ocultas, não reconhecidas, que nos fazem parecer necessitados. Elas não se manifestam diretamente, mas indiretamente, ou telepaticamente. Outras pessoas as sentem e se afastam de nós porque sabem intuitivamente que não podem nos ajudar se não admitimos a nossa necessidade de ajuda. É paradoxal o fato de que realmente nos tornamos mais fortes quando reconhecemos e admitimos as nossas necessidades e pedimos ajuda diretamente. As pessoas nos ajudam com mais facilidade e nós nos sentimos mais plenos.

Reconheço e expresso as minhas necessidades.

21 de junho

Encontrando a nossa realização

As pessoas dificilmente conseguem satisfazer as nossas necessidades de modo adequado, por isso ficamos desapontados e frustrados. Ou tentamos mudar os outros, o que nunca dá certo, ou nos resignamos a aceitar menos do que realmente queremos. Quando uma pessoa nos decepciona, a decepção pode ser uma mensagem comunicando-nos que é hora de nós mesmos assumirmos a responsabilidade pela nossa realização e satisfação naquele momento. Talvez precisemos expressar os nossos sentimentos para a outra pessoa com honestidade e clareza, e então esquecer e procurar dentro de nós a orientação sobre o que fazer para nós mesmos.

Estou aprendendo a cuidar de mim mesmo.

22 de junho

Você é único

Antevejo um tempo em que cada pessoa poderá realmente ser uma entidade única com seu estilo de expressão fluindo livremente. Cada relacionamento constituirá um vínculo único entre dois seres, assumindo sua forma e expressão individuais. Nenhum estereótipo será possível, pois cada um de nós viverá a sua individualidade quando seguir o fluxo da sua energia.

Eu sou único e cada um dos meus relacionamentos é único.

23 de junho

Filhos são seres poderosos, espirituais

Conheço muitos pais que, agora que estão mais conscientes, sentem muita culpa e tristeza ao perceberem como educaram os filhos. Lembre-se de que os filhos são seres poderosos, espirituais, e de que eles são responsáveis por sua própria vida. Eles escolheram você como pai ou mãe para poder aprender o que precisavam aprender nesta existência.

Assumo a responsabilidade pelas escolhas da minha vida e deixo que os outros assumam a responsabilidade pelas deles.

24 de junho

Os filhos imitam o que fazemos

Nossos filhos não precisam de um comportamento perfeito de nossa parte, mas sim que lhes demos um exemplo adequado de como viver no mundo da forma. Eles precisam da nossa "condição humana" imperfeita. Enquanto vivemos a nossa vida, eles nos observam e percebem como expressamos os nossos sentimentos e os nossos sonhos, e nos imitam. Sendo muito perceptivos e pragmáticos, eles copiam o que realmente fazemos, não o que dizemos. Quanto mais verdadeiros somos com nós mesmos, mais lhes possibilitamos ser verdadeiros consigo mesmos.

À medida que aprendo a ser eu mesmo, inspiro os outros a serem eles mesmos.

25 de junho

Apoie o poder deles

Muitas pessoas pensam no seu íntimo que os filhos são incapazes ou não confiáveis e que os pais são totalmente responsáveis por controlá-los e moldá-los. Os filhos, naturalmente, assimilam essa atitude e a refletem em seu comportamento — sendo mais incompetentes do que realmente são ou comportando-se de modo inapropriado. Se você aceitar que os filhos são seres poderosos, espiritualmente maduros, eles agirão de acordo com essa visão, e o mesmo acontecerá com os seus amigos e familiares. Afirme esses atributos positivos diariamente para si mesmo e para todos ao seu redor.

Reconheço os que amo como seres poderosos, capazes e responsáveis.

26 de junho

Dê a si mesmo segurança e apoio

Precisamos aprender a usar a nossa energia masculina para ouvir, confiar e sustentar a nossa energia feminina. Isso nos dá segurança e apoio para que possamos nos abrir e expressar o conjunto todo dos nossos sentimentos. Podemos ser sensíveis, receptivos e vulneráveis, sendo ao mesmo tempo mais fortes, mais vivos e mais determinados.

Quanto mais fortaleço os meus sentimentos e neles confio, mais forte e mais aberto me torno.

27 de junho

Deixe o seu poder brilhar

No papel feminino tradicional, uma mulher pode usar a sua energia masculina para negar e reprimir a sua força feminina natural. Assim, ela se torna impotente, dependente do homem, emocionalmente desequilibrada e capaz de expressar seu poder apenas indiretamente, manipulando. Ela teme que se os homens descobrirem como ela é realmente poderosa, eles a abandonem. Por isso ela oculta cuidadosamente o seu poder. Confiando em nós mesmos e cuidando de nós mesmos, é mais seguro arriscarmos a ser uma pessoa poderosa e criativa.

É seguro para mim ser poderoso.

28 de junho

Expresse o poder masculino positivo

Muitos homens conscientes escolheram conectar-se profundamente com sua energia feminina, mas ao fazer isso desconectaram-se da sua energia masculina. Eles se despiram da velha imagem do macho e não têm outro conceito de energia masculina com que se relacionar. Esses homens geralmente têm medo da sua energia masculina. Eles acham que ela explodirá com a inconsciência e a violência, que identificam com a virilidade. Assim, eles perdem também as qualidades masculinas positivas, assertivas. Quando os homens começarem a encontrar o equilíbrio entre as energias feminina e masculina dentro de si, compreenderão que sua força e assertividade estarão sendo segura e cuidadosamente guiadas por sua intuição.

É seguro para mim expressar a minha energia masculina.

29 de junho

Estamos nos tornando mais responsáveis

Estamos aprendendo a confiar em nós mesmos e a nos aprovar, em vez de desistir da responsabilidade e depender de outra pessoa para fazer isso por nós. Como a dependência da aprovação de outros é um padrão arraigado que perdurou por séculos, é preciso tempo para mudá-lo. O segredo é simplesmente continuar ouvindo os nossos sentimentos mais profundos, confiar neles e agir inspirados por eles, ao mesmo tempo em que amamos e aprovamos a nós mesmos o máximo possível.

Aceito a responsabilidade de ouvir e amar a mim mesmo.

30 de junho

Crie um mapa do tesouro

Um mapa do tesouro é uma representação física real de um objetivo almejado. É como uma planta para um edifício. Você pode desenhá-lo, pintá-lo ou fazer uma colagem com figuras de revistas e fotografias. Um mapa do tesouro simples, quase infantil, é muito eficaz e divertido de fazer. Basicamente, ele deve representá-lo no seu cenário ideal com o seu objetivo totalmente alcançado. Inclua todos os elementos, sem complicar demais. Use muita cor. Introduza algum símbolo do infinito que represente sentido e poder para você. E também afirmações. Esse processo criativo é um passo físico eficaz em direção à manifestação do seu objetivo.

Isto ou algo melhor manifesta-se agora para mim de modos totalmente proveitosos e harmoniosos.

Inverno

1º de julho

Apego aos objetivos

O apego demasiado a um determinado objetivo pode afetar a sua capacidade de alcançá-lo. Muitas vezes, o apego excessivo a alguma coisa é sinal de muito medo encoberto — medo de não conseguir o que queremos.

Não há nenhum problema em visualizar criativamente alguma coisa a que você se apegue além do limite desejado. Se não obtiver o resultado esperado, entenda que o seu próprio conflito interno pode estar enviando mensagens contraditórias. Relaxe e aceite os seus sentimentos. Compreenda que resolver o conflito interno é um passo importante do crescimento para você e uma oportunidade excelente para examinar mais de perto a sua atitude com relação à vida.

Relaxo e aceito os meus sentimentos.

2 de julho

A energia bloqueada pode ser liberada

O poder criativo precisa filtrar as nossas crenças, atitudes, emoções e hábitos. Quanto mais negativos e contraídos forem os nossos padrões e crenças, mais eles bloqueiam a energia criativa. Em geral, as pessoas esperam que, ignorando a negatividade, ela desaparecerá, mas o que acontece de fato é o contrário. Podemos começar a liberar a energia bloqueada a partir do momento em que a reconhecemos, aceitamos e sentimos. Então você está livre para substituí-la por crenças e atitudes positivas.

Reconhecendo e aceitando os meus bloqueios, eu os libero e dissolvo.

3 de julho

Um processo de limpeza

Eis um processo básico de limpeza que você pode adotar para desfazer-se de crenças negativas e abrir caminho para alcançar um objetivo. Primeiro, elabore o objetivo na forma de uma afirmação. Segundo, escreva, "Os motivos por que não posso ter o que quero são": e então faça uma lista de cada pensamento que lhe vier à mente. Terceiro, separe as expressões negativas que mais o influenciam. Escreva uma afirmação oposta a cada uma delas. Medite sobre essas afirmações e sobre o objetivo original todos os dias.

Estou me desfazendo das minhas crenças negativas.

4 de julho

Declare a sua independência

O segredo para a independência está em saber que a cada momento, em qualquer ocasião, estamos criando a nossa vida. Quanto mais aceitamos essa verdade, mais poder e liberdade sentimos.

Em vez de culpar a nós mesmos e aos outros pelas coisas que não gostamos na nossa vida, entendemos agora que estamos manifestando a nossa realidade e temos o poder de mudá-la.

A nossa vida é um reflexo do que acreditamos que merecemos. Aprofundando a nossa aceitação do amor infinito do universo e abrindo-nos para ele, um novo poder flui através de nós, libertando-nos dos grilhões do nosso velho estilo de vida.

Sinto liberdade e poder para criar a vida que desejo.

5 de julho

Desista e pergunte

Situações podem ocorrer em que você queira fazer afirmações e descobre que simplesmente não consegue, ou se consegue, tem a sensação de que elas não querem dizer nada. Nesse caso, talvez tenha chegado o momento de você desistir do que esteve tentando fazer. Entre em contato com o seu guia interior e pergunte-lhe o que você deve fazer. Você tem acesso a um recurso interior que está sempre presente e que o conduzirá para o passo seguinte.

> Peço ao meu guia interior que me mostre
> o próximo passo que devo dar.

6 de julho

Aprendendo a seguir o espírito interior

Estou aprendendo a seguir o espírito que está dentro de mim, seja para onde for que ele queira me levar. Sempre que entro em contato com ele, sentindo a energia dentro de mim e deixando que ela me dirija, descubro que esse é um modo maravilhoso de viver. Quando faço isso, sinto alegria, poder, amor, paz e entusiasmo.

Estou aprendendo a seguir o meu espírito interior.

7 de julho

Aumentando a nossa vitalidade

Quando não confiamos em nós mesmos e na nossa verdade interior, diminuímos a nossa vitalidade. O nosso corpo refletirá essa redução ficando entorpecido, sentindo dor e perdendo seu vigor.

Quando permitimos que a energia do universo circule dentro de nós por confiarmos e seguirmos a nossa intuição, aumentamos a nossa sensação de vitalidade. O corpo então reagirá com saúde, beleza e vigor.

Confio na minha verdade interior e sinto-me cheio de vida.

8 de julho

Desbloqueie o fluxo

Quando bloqueamos o fluxo de energia, a nossa vitalidade se encolhe cada vez mais. Com a diminuição do fluxo, o corpo reduz sua capacidade de revitalização. Ele começa a envelhecer e degenerar. Postura inadequada, maxilares tensos, dores de cabeça e dores lombares são reflexos de bloqueios de energia crônicos.

Quando relaxamos e temos carinho por nós mesmos, curando as nossas feridas emocionais, buscando o que nos alegra, podemos eliminar esses padrões da nossa vida. Como resultado, o nosso corpo sentirá um novo rejuvenescimento e um novo poder.

Relaxo e cuido de mim.

9 de julho

Observe como você se sente

Assuma uma posição confortável. Feche os olhos. Respire profundamente. Relaxe o corpo e a mente. Relembre uma situação recente em que não conseguiu fazer o que queria. Reviva essa cena na sua mente. Observe como era sua aparência externa e como você se sentia física, emocional e espiritualmente. Em seguida, volte e veja-se fazendo exatamente o que você gostaria de fazer naquela situação. Observe as sensações do corpo. Observe a sua aparência e como você se sente de modo geral. Fique alguns minutos sentindo como é a atitude de confiar em você mesmo e de agir movido por essa confiança.

Confio em mim mesmo e ajo movido por essa confiança.

10 de julho

Mantenha um diário

Mantenha um diário de algumas decisões que você toma durante o dia. No momento de escrever, observe o que você quer e procure identificar as situações em que você opta por não querer e por quais motivos. Por exemplo, você pode resolver ir a uma festa, quando o que quer fazer realmente é ficar em casa. Você se força a trabalhar muito, mesmo não se sentindo bem? Você deixa de expressar suas ideias, sentimentos ou impulsos criativos por medo de ser criticado?

Escreva como você se sente sobre as escolhas que fez. Observe como você se sentiu física e emocionalmente. Cuide para não julgar ou criticar a si mesmo por qualquer das suas decisões. Cultive uma atitude de observação compassiva para descobrir o que é e o que não é bom para você.

Hoje presto atenção aos sentimentos relacionados com as decisões que tomo.

11 de julho

Alcançando o equilíbrio

A energia feminina (espiritual) é uma força poderosa que nos impulsiona para a união e a unidade. A energia masculina (personalidade) define a nossa individualidade. Ambas são igualmente necessárias e importantes para viver bem no mundo físico.

Quando aprendemos a confiar, respeitar e expressar as energias feminina e masculina em harmonia recíproca, sentimos a nossa unidade com o todo da vida e ao mesmo tempo apreciamos e respeitamos a nossa singularidade. Isso nos ajuda a alcançar o equilíbrio em todos os aspectos da vida.

Sou um indivíduo único e sou uno com o universo.

12 de julho

Comunhão

Quando estou sozinho, especialmente em contato com a natureza, frequentemente sinto-me em comunhão profunda com o universo. Nessas ocasiões, os lugares dentro de mim que às vezes parecem vazios ficam preenchidos com a energia do espírito. Aqui encontro uma presença orientadora que me move na direção que preciso seguir e que me ajuda a aprender a lição que está em cada passo do meu caminho.

A natureza me ajuda a unir-me ao espírito.

13 de julho

Uma presença poderosa

Imagine uma presença muito poderosa dentro de você. Essa presença é totalmente amorosa, forte e sábia. Ela alimenta, protege, orienta e cuida de você. Às vezes ela pode ser muito forte e impetuosa, mas também pode ser muito leve, jovial e divertida. À medida que a conhecer e confiar nela, você receberá estímulo, sentido e realização na sua vida. Relaxe e aproveite a sensação ou o pensamento de que o universo está sempre cuidando muito bem de você.

Sinto e confio na presença do universo na minha vida.

14 de julho

Fluxo

Quase todos nós tivemos experiências em algumas ocasiões da vida quando sentimos energia vital, sabedoria e poder fluírem através de nós, quando nos sentimos momentaneamente "iluminados". Temos um breve momento de lucidez e de poder e em seguida tudo volta ao normal. Então nos sentimos perdidos e inseguros com relação a nós mesmos. Esse é um aspecto natural da experiência humana. Quanto mais você confiar na sua intuição e a seguir, mais consistentemente você sentirá o "fluxo".

Estou no fluxo.

15 de julho

Deixe que tudo se desagregue

Reforçando o seu compromisso com a confiança em si mesmo, tudo na sua vida pode mudar. Inicialmente, ao começar a abandonar os seus velhos padrões, você pode ter a sensação de que tudo na sua vida está se desagregando. Você pode descobrir que precisa desvencilhar-se de certas coisas a que esteve apegado.

Naturalmente, essas mudanças podem ser desconcertantes e assustadoras. Com o tempo, porém, você perceberá que tudo isso faz parte da transformação que está se operando. À medida que aprender a ser verdadeiro consigo mesmo, você perceberá que atrai pessoas, emprego e outras circunstâncias que refletem a sua evolução e desenvolvimento.

Eu me desapego e me mantenho aberto.

16 de julho

O nosso caminho especial

Quando, em vez de seguir o nosso próprio saber intuitivo, seguimos o comportamento que observamos nos outros ou tentamos seguir as normas e regulamentos estabelecidos por terceiros, agimos de modo oposto ao nosso fluxo natural. Isso quer dizer que não estamos agindo de acordo com o que *nós* sabemos. Não estamos dizendo ou fazendo o que realmente sentimos. À medida que aprendemos a prestar atenção, começamos a perceber a diferença entre velhas mensagens externas e os nossos próprios sinais naturais. Quanto mais ouvimos a nós mesmos e confiamos mais em nós, mais o nosso caminho especial se abre magicamente à nossa frente.

Hoje sigo o meu próprio caminho.

17 de julho

O nosso corpo é a nossa criação mais importante

O nosso corpo é o veículo que criamos para nos expressar no mundo físico. Ele é como uma porção de argila parcialmente trabalhada que se amolda para mostrar os padrões de energia que passam por ela. O corpo é o nosso principal mecanismo de reação que pode nos mostrar o que está e o que não está em harmonia com o nosso modo de pensar, expressar-nos e viver. Na medida em que vivemos a nossa verdade mais plena e livremente, o nosso corpo se torna mais saudável, mais forte e mais belo.

O meu corpo expressa graciosamente quem eu sou.

18 de julho

Uma base sólida de confiança

Deixamos de ter medo na mesma medida em que sentimos a presença do universo no nosso corpo. Sempre que nos abrimos para mais poder, uma porção maior do velho medo é lançada para a superfície e liberada. No processo de cura, vivemos estados alternados de poder e medo. Aos poucos, uma base sólida de confiança se estabelece dentro de nós. Quanto mais luz deixarmos penetrar no nosso espaço interior, mais brilhante será o mundo em que vivemos.

Estou construindo uma base sólida de confiança dentro de mim.

19 de julho

O que sou neste momento

Se aparentarmos ser mais iluminados do que realmente somos, perderemos uma oportunidade de curar-nos. Admitir as nossas limitações pode nos fazer sentir vulneráveis, mas nos liberta.

Precisamos apenas ser nós mesmos como somos agora, aceitando a mistura de consciência iluminada e limitações humanas que está em cada um de nós. Através dessa autoaceitação, encontramos paz profunda e amor-próprio.

Hoje aceito a mim mesmo como sou.

20 de julho

Perdão e liberação

Escreva os nomes de todas as pessoas por quem você sente ou sentiu ressentimento, mágoa ou raiva. Escreva o que elas lhe fizeram e o motivo do seu ressentimento. Em seguida, feche os olhos, relaxe e visualize cada pessoa. Explique a elas por que você sentiu raiva e exponha o sofrimento que está por trás dessa raiva. Diga-lhes que agora você vai fazer todo o possível para dissolver e liberar toda energia comprimida entre vocês. Dê-lhes a sua bênção e diga: "Eu te perdoo e te libero. Segue o teu caminho e sê feliz". Se há alguém a quem você ainda não está preparado para perdoar ou liberar, tudo bem. No devido tempo, você estará.

Estou perdoando e liberando a todos.

21 de julho

Perdoando a si mesmo

Escreva os nomes de todas as pessoas que você ofendeu de um modo ou outro e o que fez para elas. Feche os olhos, relaxe e imagine cada uma delas. Diga à pessoa o que você fez e peça-lhe que o perdoe e que lhe dê as suas bênçãos. Visualize-as fazendo isso. Ao terminar, escreva: "Perdoo a mim mesmo e libero os meus sentimentos de culpa". Faça isso com a frequência que julgar necessária.

Eu perdoo a mim mesmo.

22 de julho

Ouça as suas necessidades

O que significa cuidar de si mesmo? Significa confiar na sua intuição e segui-la, dedicando algum tempo a ouvir todos os seus sentimentos, inclusive os sentimentos da criança interior, que às vezes está ressentida ou assustada. Significa responder com afeto, amor e ação apropriada. Significa colocar as suas necessidades interiores mais importantes em primeiro lugar e confiar que as necessidades das outras pessoas serão atendidas, que tudo o que precisa ser feito receberá a devida atenção. Significa acreditar que o universo está cuidando de todos e de cada um de nós.

Hoje ouço e atendo às minhas necessidades.

23 de julho

Somos seres espontâneos

Toda criança saudável que vive num ambiente razoavelmente positivo tem um corpo cheio de beleza e vitalidade. A energia vital natural do universo flui livremente por ele, desobstruída de hábitos negativos.

Num ambiente de apoio, somos seres totalmente espontâneos. Comemos quando temos fome, dormimos quando estamos com sono e expressamos exatamente o que sentimos, de modo que a energia não fica bloqueada. Somos constantemente renovados e revitalizados pela nossa própria energia natural.

Sou um ser natural, espontâneo.

24 de julho

As crianças são os nossos espelhos mais límpidos

Muitas vezes, as crianças são os nossos espelhos mais límpidos porque, como seres intuitivos, elas estão em sintonia em um nível de sentimento e respondem honestamente a cada situação. Elas ainda não aprenderam a encobrir os seus sentimentos. Quando nós, adultos, não falamos ou não nos comportamos de acordo com o que realmente sentimos, as crianças captam a contradição imediatamente e reagem a ela. Observando as reações das crianças podemos tomar maior consciência dos nossos próprios sentimentos reprimidos.

Estou me tornando mais consciente dos meus sentimentos.

25 de julho

Os filhos precisam de honestidade

Muitos pais acham que precisam proteger os filhos da confusão que eles mesmos causam ou das chamadas emoções negativas. Eles acham que ser um bom pai ou uma boa mãe significa sempre desempenhar um determinado papel: ser paciente, amoroso, inteligente e forte. Mas o que os filhos realmente precisam é de honestidade. Eles precisam ver um ser humano viver toda a variedade das emoções humanas e ser honesto com relação a isso. Assim elas têm condições de estruturar-se e amar-se como seres naturais e sinceros.

Hoje ofereço o presente da minha honestidade.

26 de julho

Tomando consciência de velhos padrões

Começamos muito precocemente a desenvolver hábitos que se contrapõem à nossa energia natural, hábitos cujo objetivo é ajudar-nos a sobreviver no mundo neurótico em que nos encontramos. Assimilamos esses padrões de nossas famílias, amigos, professores e da comunidade em geral. No fim, começamos a ver que esses hábitos não nos servem mais. Tornando-nos conscientes deles, damos o primeiro e mais importante passo para mudá-los.

É seguro para mim abandonar velhos hábitos.

27 de julho

A mudança acontece através da consciência

Velhos padrões não mudam da noite para o dia. Às vezes continuamos fazendo as mesmas coisas e obtendo os mesmos resultados indesejados muito depois de saber que deveríamos tomar outra atitude. A mudança não acontece com a tentativa de *forçar-se* a mudar, mas tomando consciência do que *não* está ocorrendo adequadamente.

Através de uma conscientização sempre maior, finalmente você começará a reagir de modo diferente.

Com consciência, meus velhos padrões estão se transformando.

28 de julho

Capte a mensagem

Se você tem problemas na sua vida, é sinal que o universo está tentando chamar a sua atenção. Ele está dizendo: "Ei, há algo de que você precisa tomar consciência, algo que precisa ser mudado". Se você não prestar atenção, os problemas se intensificarão, até que finalmente você capta a mensagem e começa a ouvir mais atentamente o seu guia interior. Se aprender a prestar atenção aos pequenos sinais, você aprenderá com eles e os seus problemas aos poucos se resolverão.

Presto atenção aos pequenos sinais e aprendo com eles.

29 de julho

Peça ao seu guia interior

Nem sempre é proveitoso pensar sobre os problemas ou analisá-los com a mente racional. Às vezes é muito mais proveitoso dirigir-se ao seu guia interior, pedir ajuda ao poder superior do universo. Simplesmente sente-se em silêncio. Faça algumas respirações profundas e leve a atenção para a sua consciência. Em silêncio ou em voz alta, peça à sua sabedoria interior orientação ou ajuda para resolver o problema. Você pode ou não receber uma resposta imediata. Continue com suas atividades, mas mantenha-se aberto e preste atenção às suas sensações mais profundas. Ao sentir que algo está certo, aja de acordo com essa sensação.

A minha sabedoria interior me orienta e direciona.

30 de julho

Crie espaço para intimidade

À medida que aprendo a amar a mim mesmo, recebo automaticamente o amor e o afeto de outras pessoas. O meu desejo de intimidade com os meus próprios sentimentos profundos cria espaço para intimidade com o outro. À medida que sinto o poder do universo fluindo através de mim, crio uma vida de paixão e realização que divido com outros.

Desejo intimidade com os meus próprios sentimentos profundos.

31 de julho

A qualidade do amor

Feche os olhos. Relaxe profundamente. Quando se sentir relaxado e com energia, diga: "Invoco agora a qualidade do amor". Sinta a energia do amor que emerge de dentro de você, preenchendo-o e irradiando-se para fora. Fique com essa sensação durante alguns minutos. Depois, se quiser, dirija-a para alguém a quem você quer enviar uma bênção.

Invoco agora a qualidade do amor.

1º de agosto

Celebre as suas aptidões

Se você está tendo dificuldades para saber o que deveria estar fazendo com a sua vida, preste atenção ao que lhe dá energia, ao que o entusiasma e lhe traz alegria. Deixe o seu canal funcionar como ele bem entende. A energia fluirá por você e as habilidades se apresentarão com facilidade quando o universo se puser em movimento para ajudá-lo a celebrar e expressar as suas aptidões.

Expresso as minhas aptidões com facilidade e habilidade.

2 de agosto

Explorando as nossas fantasias

Às vezes as fantasias podem nos dizer como realmente queremos nos expressar. Às vezes temos uma forte sensação do que gostaríamos de fazer, mas seguimos uma carreira muito diferente. Achamos que precisamos de uma carreira que seja mais prática ou que nos atrairá o apoio dos nossos pais ou do mundo.

No passado, achávamos que era impossível fazer o que realmente queríamos. Hoje vemos que quando fazemos o que de fato queremos obtemos a nossa própria aprovação, sentimos a nossa própria vitalidade e liberdade. Hoje podemos arriscar a tentar coisas que realmente nos interessam e estimulam.

Hoje eu me arrisco a tentar coisas que me estimulam.

3 de agosto

Entre em contato com as suas fantasias

A maioria das pessoas tem alguma ideia do que gostaria de fazer, mas muitas vezes essa ideia é reprimida e vivida apenas na forma de uma fantasia, sem nenhuma praticidade. Há verdade no seu desejo, mesmo que pareça impossível. Ele lhe diz algo sobre alguma parte de você que quer se manifestar. Veja se consegue dar um pequeno passo no sentido de deixar essa parte sua expressar-se.

Presto atenção às minhas fantasias e procuro a verdade que elas possam conter.

4 de agosto

Siga o impulso

Siga qualquer impulso que você sentir na direção dos seus verdadeiros desejos relacionados com o trabalho ou o lazer. Mesmo que o impulso pareça irrealista, siga-o da mesma forma. Por exemplo, se você tem 65 anos de idade e sempre quis dançar, imagine-se um dançarino. Sozinho em casa, coloque uma música e deixe o seu corpo dançar livremente. Isso o colocará em contato com a parte de você que quer e precisa se expressar. Você pode terminar dançando muito mais do que acreditava ser possível e pode ser levado a outras e diferentes formas maravilhosas de expressão.

Agora sigo os meus impulsos criativos.

5 de agosto

Aprender pode ser divertido

O processo de aprendizagem pode ser cheio de satisfação, diversão e entusiasmo. Podemos encará-lo como uma aventura maravilhosa. Não precisamos mais sacrificar-nos e esforçar-nos no presente para ter o que queremos no futuro. A jornada e o destino se tornam uma só e a mesma coisa. Aprender novas habilidades, voltar para a escola, explorar aptidões latentes — qualquer dessas possibilidades pode ser divertida e realizadora se você segue a sua intuição.

Divirto-me aprendendo.

6 de agosto

Imagine uma carreira fabulosa

Assuma uma posição confortável. Feche os olhos. Respire profundamente, relaxando o corpo e a mente. Imagine que você está fazendo exatamente o que quer na sua vida. Você tem uma carreira fabulosa que é divertida e realizadora. Você está fazendo o que sempre sonhou fazer e sendo bem pago por isso. Você se sente relaxado, cheio de energia, criativo e poderoso. Você segue a sua intuição de momento a momento e é abundantemente recompensado por isso. Você está fazendo exatamente o que quer fazer.

Estou ganhando bem fazendo exatamente o que quero fazer.

7 de agosto

Vidas serão transformadas

Quer você lave pratos, faça um passeio ou construa uma casa, se você faz isso com a sensação de estar onde quer estar e de fazer o que quer fazer, a energia dessa atividade será sentida por todos os que estão à sua volta. Eles sentirão a plenitude da sua experiência e suas vidas serão transformadas na medida em que estiverem preparados a permitir que o impacto dessa experiência os influencie.

A minha alegria é sentida por todos à minha volta.

8 de agosto

Você pode transformar outras pessoas

Se você entrar numa sala amando a si mesmo, sabendo que você é um canal criativo e expressando-se honestamente, todas as pessoas na sala podem ser influenciadas, mesmo que não tenham consciência disso. Como resultado direto da sua presença, você verá outras pessoas tornando-se mais vitalizadas e fortalecidas. Essa é uma experiência incrivelmente estimulante e recompensadora.

Sou uno comigo mesmo, um canal para o universo.

9 de agosto

Não estamos sozinhos

A partir do momento em que aceitamos a realidade de um poder superior operando no universo, canalizado através da nossa intuição, fica claro que os nossos problemas pessoais, e mesmo os problemas do mundo, são realmente causados pelo fato de não respeitarmos essa intuição. Problemas pessoais e sociais são resultado do medo e da repressão da nossa intuição.

Não estamos sozinhos com os nossos problemas. Podemos contar com a nossa intuição como se ela fosse um grande e sábio amigo que nos acompanha nesta jornada da vida — zelando por nós, ajudando-nos, amando-nos. Podemos exercitar-nos a seguir a nossa intuição com a certeza de que somos amados e podemos ser cuidados.

Sou guiado por meu poder superior em todas as ocasiões.

10 de agosto

A mudança ocorre naturalmente

Se você acha que o seu progresso em direção aos seus objetivos é muito lento, peça ao universo que o ajude. Lembre-se de que as coisas sempre mudarão no devido tempo. Não mudamos forçando-nos a mudar, mas tomando consciência dos obstáculos que nos impedem de avançar e dispondo-nos a superá-los. A mudança, que é um processo natural e dinâmico, sempre ocorre, mesmo quando não estamos conscientes dela.

Deixo que as coisas mudem no devido tempo.

11 de agosto

Dar conscientemente

Neste ponto, podemos entender que não adianta tentar cuidar de nós mesmos cuidando de outras pessoas. Eu sou o único que posso realmente cuidar bem de mim, de modo que posso fazê-lo diretamente e deixar que as outras pessoas façam a mesma coisa por si mesmas. Isso não significa que eu não posso me importar e contribuir com elas; significa que tomamos uma decisão consciente de dar ou não, com base no que realmente sentimos, e não por medo ou obrigação. De fato, quanto melhor cuidarmos de nós mesmos, mais teremos para dar.

Quando cuido de mim mesmo, tenho mais para dar.

12 de agosto

Afirme-se com consistência

Um dos aspectos mais importantes para ter um corpo saudável e belo é aprender a afirmar-se com consistência na vida. Muitas pessoas com problemas relacionados ao corpo duvidam de si mesmas, têm medo de confiar em seus sentimentos e de agir a partir deles. Elas precisam de modo especial aprender a dizer "não" aos outros quando não querem fazer alguma coisa. Quando a nossa prioridade é agradar os outros e preocupar-nos com eles, estamos negando quem realmente somos e o que realmente sentimos. Quando temos medo de ser verdadeiros com nós mesmos, o nosso corpo nos serve refletindo esses medos, para que possamos tomar consciência deles e curá-los.

Hoje quero afirmar a mim mesmo.

13 de agosto

Aja

O segredo para afirmar a si mesmo é agir impulsionado pelos sentimentos e pela intuição. Conheço pessoas que começaram a perder peso ou a se tornar fisicamente mais saudáveis simplesmente fazendo coisas que tinham medo de fazer ou expressando algum sentimento que haviam reprimido. Tornando-se mais assertivas, pessoas com pouco peso ficam mais dispostas a ocupar espaço no mundo. Continuando a falar e a manifestar a sua verdade, você dissolverá os bloqueios e encontrará o seu peso ideal.

Eu ajo impulsionado por meus sentimentos.

14 de agosto

Arrisque-se a afirmar-se

Inicialmente, a perspectiva de afirmar a si mesmo momento a momento pode ser assustadora. Não estamos habituados a manifestar as nossas necessidades e empreender a ação necessária para satisfazê-las. É preciso um esforço consciente para entrar em sintonia com o que sentimos e correr o risco de agir. Mas uma vez iniciado o processo, você vai querer continuá-lo. Você terá mais energia e parecerá mais radiante.

É seguro para mim afirmar as minhas necessidades e sentimentos.

15 de agosto

Equilibre o peso com facilidade e naturalidade

Quando pessoas com sobrepeso aprendem a verdadeira afirmação, em geral conseguem perder peso com facilidade e naturalidade, sem se privar de nada. A energia aumentada que circula em seu corpo dissolve a energia bloqueada e o peso extra aos poucos desaparece. As pessoas não precisam desse peso para ter força ou proteção, por isso se desfazem dele sem esforço.

Pelo mesmo processo de asserção, pessoas abaixo do peso liberam seu medo e conseguem absorver mais vida e mais substância nutritiva. Se houver necessidade de uma dieta mais específica, elas serão levadas intuitivamente a um nutricionista competente e a uma dieta saudável.

Confiando nos meus sentimentos e afirmando-os, crio um corpo saudável e belo.

16 de agosto

É nosso direito inato

Passamos muitos anos acreditando que é necessário condescender e sacrificar-nos pelos outros. Há muito tempo levamos conosco a crença de que "não se pode ter tudo". Temos medo de não ter direito com relação aos nossos sentimentos e desejos.

É absolutamente nosso direito inato ter as coisas que o nosso coração e a nossa alma desejam e encontrar satisfação e realização na nossa vida.

Eu mereço amor, felicidade e prosperidade.

17 de agosto

Sendo um bom pai ou uma boa mãe

As nossas velhas ideias de paternidade ou maternidade em geral envolviam sentir-nos totalmente responsáveis pelo bem-estar dos nossos filhos e por seguir alguns padrões específicos de comportamento. Quando você aprende a confiar em você mesmo e a ser você mesmo, talvez descubra que está transgredindo muitas das suas antigas regras sobre o que um bom pai ou uma boa mãe faz. No entanto, a energia vibrante que passa por você, o seu crescente sentimento de satisfação na vida e a sua confiança em si mesmo e no universo farão muito mais para ajudar os seus filhos do que qualquer outra coisa.

As pessoas que eu amo se beneficiam quando eu sou eu mesmo e confio em mim mesmo.

18 de agosto

As pessoas que você ama serão afetadas positivamente

Quando aprendemos a atender as nossas necessidades pessoais, muitas vezes tememos que os nossos familiares e amigos sofram. Entretanto, a verdade é o contrário disso. Do mesmo modo que uma pedra jogada na superfície da água forma ondulações, as pessoas que você ama serão afetadas positivamente e sustentadas à medida que você cresce e evolui. Elas mudarão conforme você mudar, mesmo que morem longe de você, uma vez que todos os relacionamentos são telepáticos. O seu crescimento e transformação se refletirão em outras pessoas.

À medida que me desenvolvo, todos se desenvolvem.

19 de agosto

A dança da vida

Masculino e feminino, ser e fazer, receber e dar, destruir e criar, entristecer-se e alegrar-se — essas polaridades criam a dança da vida. Cada um de nós contém dentro de si o conjunto todo das energias da vida. Até o ponto em que aceitamos e expressamos todos os aspectos de nós mesmos, tornamo-nos canais plenos e conscientes do universo.

Vivo e expresso a dança da vida.

20 de agosto

Siga a orientação da sua intuição

A natureza do feminino é sabedoria, amor e visão clara expressos por meio do sentimento e do desejo. A energia masculina é ação total e arriscada a serviço do feminino, muito à semelhança do cavaleiro cortês e da sua dama. Lembre-se agora de que estamos falando de um processo interno em cada um de nós, tanto masculino como feminino. Não estamos dizendo que os homens devem deixar que as mulheres lhes digam o que fazer, mas que cada um de nós precisa deixar que sua intuição o oriente e então esteja disposto a seguir essa orientação direta e corajosamente.

Sigo a orientação da minha intuição, direta e corajosamente.

21 de agosto

Encontrando a nossa plenitude

No passado, os homens precisavam desesperadamente que as mulheres lhes dessem o apoio benéfico, intuitivo e emocional que lhes era necessário, e as mulheres dependiam dos homens para que as amparassem e lhes provessem o necessário no mundo físico. Parece um arranjo perfeito, a não ser por um problema. Quando você não se sente pleno como indivíduo, quando você sente que a sua sobrevivência depende de outras pessoas, você tem medo constante de perdê-las.

Estivemos nos debatendo com esses papéis de "velho homem" e "velha mulher" durante muitas gerações. Por isso, é maravilhoso que estejamos começando a descobrir que cada um de nós tem todas as qualidades interiores para ser pleno.

Eu sou pleno.

22 de agosto

O masculino na mulher

Tanto o velho masculino (dominador) como o velho feminino (submisso) existem em cada sexo. Uma mulher que se sente presa ao papel feminino tradicional tem um velho masculino dominador e controlador dentro dela, sufocando-a. Ela tenderá a atrair homens que refletem essa personalidade masculina e que a manifestarão no seu comportamento com relação a ela. Esse comportamento pode variar desde paternalista e chauvinista até verbal ou fisicamente abusivo, dependendo de como a mulher trata a si mesma e do que ela acredita que merece. Reconhecendo o seu próprio masculino interior, ela retoma o poder de cura em suas mãos. À medida que ela usa sua energia masculina para confiar, apoiar e expressar seus sentimentos, seu amor-próprio se refletirá nos seus relacionamentos.

Meu masculino interior me ama e me apoia.

23 de agosto

O feminino no homem

O homem machista tradicional foi ensinado a reprimir e negar o seu eu feminino interior, que se desespera para ser reconhecido e amado. Ele tenderá a atrair mulheres que têm uma autoimagem baixa, que são pegajosas e carentes, ou que expressam seu poder indiretamente através de manipulação, afetação infantil, dissimulação ou desonestidade. Essas mulheres refletem a falta de confiança e de respeito do homem por seu feminino interior não confiando e não respeitando a si mesmas. Quando ele passa a aceitá-las como reflexos do seu próprio feminino, ele pode começar a amar e a respeitar a mulher poderosa e afetuosa dentro dele.

Confio e respeito o meu feminino interior.

24 de agosto

Os homens refletem a mudança da mulher

Quando uma mulher começa a confiar mais em si mesma, a amar-se mais e a recorrer à sua energia masculina interna para apoiá-la, o comportamento dos homens à sua volta refletirá essa mudança. Eles mudarão radicalmente e continuarão a fazê-lo à medida que ela aprofundar a sua mudança; ou então desaparecerão da vida dela para ser substituídos por homens que a apoiem e a valorizem, refletindo assim a nova atitude da mulher com relação a si mesma. Vi isso acontecer repetidas vezes.

Apoio e aprecio a mim mesma.

25 de agosto

A mulher reflete a mudança do homem

Aceitando a sua própria natureza feminina e confiando nela, o homem encontra dentro de si mesmo o nutrimento, o apoio e o vínculo que lhe esteve faltando. As mulheres ao seu redor refletirão essa mudança tornando-se mais fortes, mais independentes, mais diretas, honestas e mais autenticamente amorosas e afetuosas.

À medida que nutro a mim mesmo,
sou nutrido por outras pessoas.

26 de agosto

As suas imagens do masculino e do feminino

Assuma uma postura confortável, feche os olhos, relaxe o corpo. Em seguida, traga à sua mente a imagem que representa a sua mulher interior. Olhe para a sua mulher interior e sinta o que ela representa para você. Pergunte-lhe se ela tem alguma coisa que gostaria de lhe dizer ou faça-lhe qualquer pergunta que desejar. Depois de receber a comunicação dela, respire profundamente e dispense-a. Volte ao seu espaço interior calmo e silencioso. Siga o mesmo procedimento com a imagem do seu homem interior. Em seguida, traga à sua mente as duas imagens. Veja como elas se relacionam uma com a outra. Pergunte-lhes se elas têm alguma coisa que gostariam de comunicar uma à outra ou a você. Ao finalizar, respire profundamente e dissipe as imagens da mente. Volte ao seu espaço calmo e sereno.

Estou em contato com o meu masculino e feminino interiores.

27 de agosto

Quando masculino e feminino estão em harmonia

Muitas vezes, imagino o meu masculino de pé atrás do meu feminino — apoiando-o, protegendo-o, sustentando-o. Para um homem, a visualização é inversa. Você pode ver o seu feminino dentro ou atrás de você — guiando-o, fortalecendo-o, nutrindo-o e apoiando-o. Quando as energias masculina e feminina estão em harmonia e trabalham juntas, a sensação é extraordinária. A pessoa se torna um canal sólido, aberto, criativo, com poder, sabedoria, paz e amor fluindo através dela.

As minhas energias masculina e feminina trabalham em harmonia.

28 de agosto

Um espelho de você mesmo

Se você tem consciência, num nível profundo, que a pessoa pela qual você se sente atraído é espelho de você mesmo, você sabe que tudo o que vê nessa pessoa está também em você. A razão de termos relacionamentos é aprender sobre nós mesmos e aprofundar a nossa relação com o nosso eu superior. Relacionamentos saudáveis baseiam-se na paixão e no estímulo de percorrer juntos o caminho que leva à plenitude pessoal.

Aprendo sobre mim mesmo através do espelho dos meus relacionamentos.

29 de agosto

Um caso de amor com o universo

Como muitos de nós nunca aprendemos a cuidar de nós mesmos realmente, os nossos relacionamentos basearam-se na tentativa de fazer com que outras pessoas cuidassem de nós. No passado, talvez tenhamos recorrido à paixão para preencher um espaço vazio dentro de nós. Hoje estamos descobrindo que estar vivos é um caso de amor com o universo. A vida é um caso de amor entre o nosso masculino interior e o nosso feminino interior, entre a nossa forma e o nosso espírito.

Estou tendo um caso de amor com o universo.

30 de agosto

Trate a si mesmo como gostaria de ser tratado

As qualidades que as mulheres procuram nos homens — força, poder, coragem, entusiasmo, romance — precisam ser desenvolvidas dentro delas mesmas. Do mesmo modo, os homens precisam desenvolver as qualidades que procuram nas mulheres — afeto, compaixão, estímulo, suavidade, intuição. Imagine como você gostaria de ser tratado por uma amante perfeita, e então comece a tratar a si mesmo exatamente desse modo.

Trato a mim mesmo exatamente como gostaria de ser tratado.

31 de agosto

Imagine que o universo é o seu amante

Marque um encontro romântico consigo mesmo. Prepare-se para esse encontro como se fosse sair com a companheira mais amorosa e interessante que possa imaginar. Tome um banho quente estimulante. Vista as suas melhores roupas. Compre flores. Tenha um jantar memorável ou passeie sob a Lua cheia. Passe a noite dizendo a si mesmo como você é maravilhoso e tudo o mais que gostaria de ouvir de uma amante. Imagine que o universo é seu amante e lhe dá tudo o que você quer.

O universo é meu amante.

1º de setembro

Temos muitos eus dentro de nós

Todos nós nascemos com um número infinito de diferentes qualidades ou energias dentro de nós. Uma das tarefas mais importantes na vida é descobrir e desenvolver o maior número possível dessas energias, de modo a aperfeiçoar-nos cada vez mais e dispor de todo o nosso potencial.

Podemos pensar nessas energias como diferentes arquétipos, subpersonalidades ou eus dentro de nós. De certo modo, é como se existissem muitos diferentes personagens vivendo dentro de nós, cada um com sua função e propósito.

Começo a conhecer os muitos eus dentro de mim.

2 de setembro

Um filme fascinante

Estou aprendendo a ver a minha vida como um filme fascinante e cheio de aventuras. Todos os personagens que nele atuam são reflexos de partes de mim projetados na grande tela, de modo que posso vê-los claramente. Ao vê-los e conhecer seus vários sentimentos e vozes, posso compreender que são todos partes importantes e valiosas de mim que preciso para a minha total expressão nesta vida.

Respeito e acolho os personagens dentro de mim.

3 de setembro

Tudo quer ser amado

Existe um princípio universal muito simples: tudo no universo quer ser aceito. Todos os aspectos da criação querem ser amados, reconhecidos e incluídos. Assim, toda qualidade ou energia que você não está se permitindo viver ou expressar continuará manifestando-se dentro de você ou ao seu redor até que você a aceite como parte sua, aceite e integre na sua personalidade e na sua vida.

Estou aprendendo a amar e a aceitar todas as partes de mim.

4 de setembro

O que é espiritual?

Muitas pessoas que se dedicam ao crescimento pessoal identificam-se muito com as energias e qualidades que acreditam ser "espirituais" — serenas, amorosas, generosas, e assim por diante. Ao tentar desenvolver esses aspectos de si mesmas, elas muitas vezes negam e rejeitam outros aspectos que consideram "não espirituais" — agressão, assertividade, honestidade profunda, vulnerabilidade humana. Infelizmente, essa divisão apenas cria um lado sombra enorme dentro delas, o que contribui para a sombra coletiva de energias negadas em nosso mundo.

Estou aprendendo a respeitar todas as partes de mim, inclusive as que rejeitei.

5 de setembro

Pessoas que nos atraem são espelhos especiais

À medida que construímos e abrimos o nosso canal, uma quantidade sempre maior de energia, mais sentimento e paixão passam por ele. Certas pessoas nos atraem fortemente e intensificam ou aprofundam a nossa sensação da força vital dentro de nós. Essas pessoas são espelhos importantes para nós e canais de energia especial em nossa vida. Por meio delas podemos aprender alguns ensinamentos importantes que a vida tem a nos oferecer.

Quem me atrai é meu espelho.

6 de setembro

Um momento sublime

Apaixonar-se é realmente uma experiência intensa que consiste em sentir o universo fluir através de você. A pessoa amada se torna um catalisador que o estimula a abrir-se para o amor, para a beleza e para a paixão que está dentro de você. O seu canal se abre e a energia do universo o inunda. Você vive um momento sublime de realização.

Estou me apaixonando pela vida.

7 de setembro

Você recebe o que sempre quis

O que criamos dentro de nós sempre se reflete fora de nós. Essa é a lei do universo. Quando você constrói um masculino e um feminino interiores, sempre haverá homens e mulheres na sua vida refletindo essa realidade. Quando você desiste realmente de tentar tornar-se pleno por meio de terceiros, você acaba recebendo deles o que sempre quis.

> Quanto mais amo a mim mesmo,
> mais os outros me amam.

8 de setembro

Mude antigos padrões

Observe bem como os problemas externos refletem o seu processo interno. Se você aprender com as suas experiências e crescer, os seus relacionamentos também se desenvolverão.

Muitos desses problemas podem ser trabalhados partilhando profunda e sinceramente os seus sentimentos, aprendendo a dar atenção a si mesmo e incentivando outras pessoas a proceder da mesma maneira. Talvez você resolva recorrer a um conselheiro profissional, a um terapeuta ou mesmo aos seus familiares, para que o ajudem a mudar antigos padrões.

Estou disposto a procurar ajuda.

9 de setembro

Procure terapia de apoio

Sei por experiência que muitos de nós precisamos de ajuda, sob a forma de terapia de apoio ou de aconselhamento, para lidar com níveis profundos de cura emocional. Algumas pessoas relutam em procurar ajuda, talvez por temerem que essa procura seja sinal de fraqueza, doença ou insanidade. Pessoalmente, procurei terapia de várias modalidades em muitas ocasiões da minha vida e ela sempre me ajudou muito, pois sempre confiei na minha intuição com relação ao terapeuta de confiança a consultar, ao momento de parar, e assim por diante. Damos a nós mesmos um grande presente quando pedimos ajuda.

Tenho coragem de pedir ajuda.

10 de setembro

Seja honesto

Se alguém na sua vida — um amigo, amante ou filho está sendo dissimulado ou desonesto com você, pergunte a si mesmo se tem sido realmente honesto com os seus próprios sentimentos, consigo mesmo ou com os outros. Pergunte-se se de algum modo você não confia em si mesmo, e por isso também não confia nas outras pessoas. Se temos medo de ser sinceros e honestos, não nos sentimos seguros no mundo e não confiamos nos outros. Os nossos amigos e familiares podem refletir essa atitude nossa. À medida que revelamos e expressamos a nós mesmos com sinceridade, atraímos honestidade e abertura do mundo à nossa volta.

Sou honesto comigo mesmo e com os outros.

11 de setembro

Os filhos sentem o que você sente

Se você se esforça para parecer calmo e controlado exteriormente, quando de fato se sente aborrecido e irritado, os seus filhos podem refletir essa desarmonia tornando-se agitados e turbulentos. Enquanto você tenta manter o controle, eles captam a energia caótica dentro de você e a refletem no seu comportamento. Se você expressa claramente o que sente, sem tentar disfarçar os seus sentimentos, os filhos geralmente se mantêm calmos, pois se sentem confortáveis com a verdade e com a coerência entre os seus sentimentos e as suas palavras. O mesmo princípio é válido para outros relacionamentos.

Quando digo a verdade, as pessoas se sentem seguras.

12 de setembro

Os nossos relacionamentos são canais

Aproximo-me das pessoas que amo porque desejo intensificar o que sinto quando estou com elas. Sinto o universo fluir através de mim para elas e através delas para mim. Essa sensação pode acontecer pelo simples fato de estarmos juntos, de falar ou tocar-nos. A energia intuitiva me diz o que é apropriado. Essa vivência é mutuamente enriquecedora e realizadora porque o universo dá a cada um através do canal do outro. Confiando na minha energia, cada pessoa na interação recebe o que precisa.

O universo canaliza através dos meus relacionamentos.

13 de setembro

Confie na sua energia sexual e valorize-a

Estamos começando a ser mais abertos e naturais com o nosso corpo e a nossa energia sexual. Antigos condicionamentos, porém, fazem com que muitas pessoas continuem a acreditar num nível profundo que a nossa energia sexual é uma força perigosa. Assim, desconfiamos de nós mesmos.

De fato, a nossa energia sexual procede da mesma fonte universal que todas as demais formas de energia. É a expressão dessa energia que nos confunde. Nós a exageramos ou rejeitamos, com medo de não conseguir o que precisamos ou de perder o que já temos. A energia sexual em si é inocente. Ela é apenas um dos modos pelos quais a energia universal flui através de nós e nos propicia as experiências que precisamos para o nosso aprendizado, cura e alegria.

Estou disposto a confiar na minha energia sexual.

14 de setembro

Sinta e aproveite a energia sexual

Para estarmos num estado de inocência com relação à nossa sexualidade, precisamos antes examinar como negamos ou distorcemos os nossos sentimentos. Por exemplo, quando se sente atraído por alguém numa festa, você se aproxima dessa pessoa com o intuito de manipulá-la ou de induzi-la a um encontro de caráter sexual? Ou você reprime os sentimentos de ordem sexual porque tem medo ou porque já tem compromisso com outra pessoa? Em ambos os casos você está bloqueando a satisfação da sensação sexual, seja por precipitar-se com ela ou por tentar ignorá-la. *Não há nenhum problema em simplesmente sentir e aproveitar a nossa energia sexual.* Não há nenhuma necessidade de acontecer alguma coisa. Se alguma coisa deve acontecer, ela acontecerá de modo descontraído e natural. E se alguma coisa acontece ou não fisicamente, ainda podemos aproveitar os sentimentos e a energia.

Eu gosto de sentir a minha energia sexual.

15 de setembro

Confie no seu ritmo

As pessoas às vezes forçam além do seu ritmo sexual natural, seja procurando satisfazer necessidades não ligadas ao sexo, seja revoltando-se contra normas sexuais repressoras. Essa pressão pode acabar diminuindo a energia sexual. Elas procuram modos cada vez mais estimulantes para satisfazer-se, mas a satisfação escapa-lhes.

Você pode confiar: a sua energia lhe trará o que você precisa. Acredite que o seu ritmo é único e belo. Você pode relaxar, aproveitar e ouvir o seu próprio ritmo.

Respeito o meu próprio ritmo sexual.

16 de setembro

Permita-se sentir

Muitas pessoas se assustam com sua energia sexual e se protegem refreando-a ou negando-a. Essa atitude destrói a energia sexual e deixa as pessoas sentindo-se frustradas, com medo de si mesmas e de suas paixões. Quando você aceita a origem universal dessa energia, você aceita também a sensação, sabendo que não precisa "fazer" nada a respeito dela. Você apenas se permite senti-la e desfrutá-la.

É seguro para mim sentir a energia sexual.

17 de setembro

Respeitando os acordos

Seguir a sua energia não significa ceder a cada impulso, sensação ou fantasia que lhe ocorra — isso seria o caminho para o caos. Para seguir a sua energia construtivamente, é importante ter consciência dos vários eus ou vozes dentro de você, os quais às vezes têm sentimentos e necessidades conflitantes. Com essa consciência, você pode começar a sentir a sensação intuitiva mais profunda da direção que a força da vida está tentando fazê-lo seguir, mas sempre respeitando os acordos, limites e compromissos importantes que você possa ter com outras pessoas.

Sigo a minha energia, mas respeito os acordos e compromissos que tenho com outras pessoas.

18 de setembro

Somos infinitamente atraentes

Muitas pessoas temem não ser suficientemente atraentes ou desejáveis para chamar a atenção de outras. Fomos levados a acreditar que "não somos bons o bastante". Hoje vamos lembrar que todos nós recebemos a nossa beleza, energia e luz da mesma fonte inexaurível. Acreditando nisso e começando a amar e a valorizar a nós mesmos como somos, o nosso canal se abre e nós temos à disposição a vitalidade infinita, a beleza e o magnetismo da força da vida.

Sou atraente, desejável e amável.

19 de setembro

Acolha a admiração

Imagine-se numa situação do dia a dia em que alguém olha para você com grande amor e admiração e lhe diz alguma coisa que admira em você. Em seguida, veja mais algumas pessoas surgindo e concordando que você é de fato uma pessoa maravilhosa. (Mesmo que fique encabulado, mantenha a imagem.) Imagine mais e mais pessoas aparecendo. Visualize-se num desfile ou num palco e ouça o aplauso soando nos seus ouvidos. Faça uma inclinação, agradecendo às pessoas o apoio e as saudações.

Sou uma pessoa maravilhosa e mereço amor e admiração.

20 de setembro

O nosso corpo expressa a nossa perfeição individual

O corpo está mudando continuamente, reabastecendo-se e reconstruindo-se a cada momento. Quanto mais harmonizarmos a nossa consciência com a nossa aspiração espiritual mais elevada, mais o nosso corpo expressará a nossa perfeição individual.

O meu corpo expressa a minha perfeição inigualável.

21 de setembro

Crie o hábito de ser criativo

A visualização criativa é uma técnica básica e importante para expandir a nossa vida e criar a nossa realidade. Faça visualização criativa em diferentes situações e circunstâncias. Se você se percebe preocupado ou confuso a respeito de alguma coisa ou se sente fraco, impotente ou frustrado diante de uma situação, pergunte ao seu guia intuitivo se a visualização criativa pode de algum modo ajudá-lo. Crie o hábito de ser criativo em todas as situações possíveis.

Cada situação é uma oportunidade para ser criativo.

22 de setembro

Aja como se fosse verdade

Fazendo afirmações, você substitui velhas vozes negativas por novas vozes positivas. Ao usar uma afirmação pela primeira vez, você talvez não acredite nela. De fato, caso já acreditasse nela, não haveria necessidade de fazê-la. É importante, porém, tentar valer-se de uma *sensação* de crença e de uma experiência de que a afirmação *pode* ser verdadeira. Temporariamente, por alguns momentos, pelo menos, suspenda todas as dúvidas e hesitações e coloque toda a sua energia mental e emocional na afirmação. Aja como se fosse verdade.

Disponho-me a acreditar em mim mesmo.

23 de setembro

Mensagens do nosso corpo

Um dos princípios básicos da saúde holística é que não podemos separar o corpo físico dos nossos estados de ser emocional, mental e espiritual. Por exemplo, quando temos um distúrbio físico, essa é uma mensagem dizendo-nos que devemos examinar atentamente as nossas emoções, pensamentos e atitudes para descobrir a melhor maneira de dar mais atenção a nós mesmos emocional, mental, espiritual e fisicamente. Desse modo, podemos restabelecer a harmonia e o equilíbrio natural no nosso ser.

Estou equilibrado e saudável.

24 de setembro

Nossos trampolins para a plenitude

Nos nossos dias, muitas pessoas tendem a negar as emoções negativas. Julgamos essas emoções "ruins" ou "sombrias" quando, na verdade, elas são os nossos trampolins para a plenitude. As chamadas emoções ou atitudes negativas são realmente partes de nós que precisam de aceitação, amor e cura. É não só seguro e saudável perceber e aceitar todas as nossas emoções e crenças, mas também necessário, se queremos entrar em contato com os medos e focos de energia bloqueada que estão nos impedindo de alcançar o que queremos.

Nesta maravilhosa nova era, "iluminação" significa aceitar a nós mesmos como somos. Tudo o que não precisamos mais será naturalmente curado e liberado.

Aceito a mim mesmo como sou e libero o que não preciso mais.

25 de setembro

Conscientizando-se das crenças negativas

Os nossos pensamentos negativos são mensagens valiosas sobre os nossos medos mais profundos e sobre as nossas atitudes negativas. Em geral, esses medos e atitudes estão tão arraigados no nosso modo de pensar e de sentir que nem sequer nos damos conta de que são crenças. Imaginamos que são simplesmente "o modo como a vida é". Podemos afirmar e visualizar conscientemente prosperidade, mas se a nossa crença inconsciente é que não a merecemos, nós não a criaremos. A partir do momento em que nos conscientizamos das nossas crenças negativas entranhadas, elas começam a mudar.

Conscientizando-me das minhas crenças negativas, eu as curo.

26 de setembro

A cura das crenças negativas

Eis um método muito eficaz para descobrir e começar a curar as suas crenças negativas inconscientes. Sente-se em silêncio e pense num problema específico. Descreva o problema numa folha de papel. Pergunte-se: 1) Que emoções estou sentindo? 2) Que sensações físicas estou sentindo? 3) Que velhas fitas ou antigas programações estão rodando na minha cabeça? 4) Qual é a pior coisa que poderia acontecer nessa situação? 5) Qual é a melhor coisa que poderia acontecer? 6) Que medo ou crença negativa está me impedindo de criar o que quero nessa situação? 7) Elabore uma afirmação para contrabalançar e curar a crença negativa. Por exemplo, se a velha crença é "Não mereço ter o que quero", a afirmação poderia ser "Eu mereço ser feliz".

Abandono velhas crenças e crio crenças novas e sustentadoras.

27 de setembro

Podemos reprogramar os nossos conceitos

Se descobrimos que estamos reagindo ao nosso mundo de um modo prejudicial ou limitador, podemos reprogramar os nossos velhos conceitos e ideias sobre nós mesmos e sobre a vida. Dados o modo como o corpo e a mente trabalham juntos e a constante comunicação entre eles (o corpo registrando informações sobre o universo físico, transmitindo-as para a mente; a mente interpretando o sentido de acordo com a nossa experiência e sistema de crenças, e depois enviando mensagens apropriadas de volta para o corpo), temos condições de explorar e abandonar velhas crenças sem nenhuma serventia para nós. Podemos criar, afirmar e visualizar novas crenças que nos serão mais proveitosas.

A minha mente e o meu corpo trabalham juntos em favor do meu bem mais elevado.

28 de setembro

Uma mensagem poderosa e proveitosa

Às vezes adoecemos porque, num nível inconsciente, acreditamos que a doença é uma resposta apropriada ou inevitável a uma situação ou circunstância. De certo modo, ela parece resolver um problema para nós, dar-nos algo que precisamos, ou é uma solução a um conflito interior irresolvido e insuportável.

Em vez de pensar na doença como desgraça, podemos vê-la como uma mensagem poderosa e proveitosa. Se estamos sofrendo, ela é uma mensagem de que há algo a ser observado dentro da nossa consciência, algo a ser percebido, aceito e curado. Ela pode indicar que há algo com relação ao modo como estamos vivendo que precisa ser mudado para podermos ser mais saudáveis emocionalmente.

Ouço o que o meu corpo tem a dizer.

29 de setembro

Cura em todos os níveis

Às vezes uma doença pode ser uma mensagem do nosso corpo dizendo-nos que de algum modo não estamos seguindo a nossa verdadeira energia ou sustentando os nossos sentimentos. Ela começa com sentimentos relativamente sutis de cansaço e desconforto. Se não prestamos atenção a esses sinais e não fazemos as mudanças apropriadas, o corpo pode dar-nos sinais mais fortes, inclusive dores e aflições. Se ainda não mudamos, às vezes doenças mais graves podem nos acometer. Uma doença pode ser um sinal de alerta de que precisamos nos curar num nível emocional, espiritual, e também físico.

Ouço as mensagens que o meu corpo me envia.

30 de setembro

Imagine-se tendo saúde perfeita

Sente-se ou deite-se. Respire e relaxe profundamente. Imagine uma energia dourada de cura envolvendo o seu corpo. Sinta essa energia, desfrute-a. Você merece ser curado. Acolha-a. Envie essa energia especial, amorosa, curativa para a parte de você que precisa dela. Veja e sinta essa parte sendo curada. Visualize o problema dissolvendo-se suavemente, desaparecendo. Imagine-se tendo saúde perfeita. Visualize-se em situações diferentes, sentindo-se ativo, entusiasmado e saudável. Escolha afirmações que lhe sejam propícias e use-as.

A minha saúde é perfeita.

Primavera

1º de outubro

O meu principal relacionamento é comigo mesmo

O meu principal relacionamento é comigo mesmo — todos os demais são espelhos dele. Quando aprendo a me amar, recebo automaticamente o amor e a apreciação que desejo dos outros. Se estou comprometido comigo mesmo e com a vivência da minha verdade, atrairei pessoas que têm o mesmo compromisso. A minha disposição de ter intimidade com os meus sentimentos profundos cria espaço para intimidade com o outro.

À medida que aprendo a me amar, recebo
o amor que desejo dos outros.

2 de outubro

Apaixonando-se

Apaixonar-se é a experiência mais emocionante e arrebatadora do mundo e, naturalmente, queremos resguardá-la. Como achamos que ela foi despertada pela outra pessoa, pensamos que é essa pessoa que é maravilhosa. Na verdade, o que sentimos é o amor do universo dentro de nós mesmos.

Eu sinto o amor e a paixão do universo dentro de mim.

3 de outubro

Você está vendo a sua própria beleza

Na próxima vez em que sentir atração romântica ou sexual por alguém, pare imediatamente e perceba que é também a sua própria beleza que você está vendo. É o universo que você está sentindo. Lembre-se de que tudo isso faz parte do seu verdadeiro caso de amor — com o universo, com a vida, consigo mesmo.

> Estou sempre apaixonado — pelo universo, pela vida, por mim mesmo.

4 de outubro

A verdadeira paixão nos aproxima

A verdadeira paixão nos aproxima, mas muitas vezes, logo em seguida, o medo toma o lugar dela. A relação pode começar a morrer pouco depois que nasce. Entramos em pânico e em geral nos agarramos a ela com mais força ainda. A experiência inicial de apaixonar-se é tão intensa que às vezes passamos anos tentando revivê-la. Normalmente, só quando nos rendemos e soltamos é que a energia começa a fluir novamente e nós voltamos a entrar em contato com aquela mesma sensação.

Eu me solto e confio.

5 de outubro

Visualize uma mudança positiva

Em relacionamentos prolongados, é muito comum nos fixarmos em certos papéis e imagens um do outro que achamos muito difícil mudar. É como se tivéssemos colocado a nós mesmos e um ao outro em determinadas caixas com rótulos de identificação. Com isso nos sentimos muito limitados e confinados, mas não sabemos como sair da situação.

Comece a visualizar e a afirmar novas imagens para você mesmo e para a outra pessoa. Veja o potencial para mudanças positivas que existe em cada pessoa e em cada situação, e envie energia e apoio para essas mudanças através da visualização criativa.

Imagino mudanças positivas em mim mesmo e nos meus relacionamentos.

6 de outubro

O potencial para a perfeição

O potencial para a perfeição está em cada relacionamento, do mesmo modo que existe em cada indivíduo. Ele já está aí; basta simplesmente revelá-lo, dissolvendo todas as camadas de "material" que colocamos sobre ele. Lembre-se que a perfeição não se refere a um modelo ou padrão externo, mas à perfeição única e mutável inata em todo ser e em cada vínculo entre dois seres.

Como todo ser humano, sou congenitamente perfeito.

7 de outubro

Dar amor a si mesmo

Quando você é excessivamente dependente de outra pessoa na esfera emocional, a vida pode se transformar num estado permanente de medo. Como depende dessa pessoa para ter amor e proteção, você precisa controlar essa fonte a qualquer custo, tanto diretamente, pelo uso da força, como indiretamente, por meio de manipulações. Em geral, isso acontece de maneira sutil. "Vou lhe dar o que você precisa, de modo que você será tão dependente de mim quanto eu sou de você. Assim você continuará me dando o que eu preciso."

Podemos interromper esse ciclo sem fim sentindo o amor que podemos dar a nós mesmos. Podemos nos conectar com a fonte verdadeira e inexaurível de amor que existe dentro de nós e sentir o poder do universo protegendo-nos e atendendo as nossas necessidades. À medida que aprendemos a nos amar dessa maneira, também atraímos a nós o amor das outras pessoas.

Eu me amo.

8 de outubro

Vendo o seu próprio reflexo

Quando um homem é atraído por uma mulher, ele pode ver nela um espelho do seu aspecto feminino. Através do reflexo dela, ele pode aprender mais sobre seu lado feminino e vencer quaisquer medos e barreiras que possam existir para chegar a uma integração mais profunda com ele mesmo. Quando uma mulher se apaixona por um homem, ela está vendo o seu lado masculino refletido nele. Ela pode aprender a fortalecer e a confiar no seu aspecto masculino.

Vejo o meu próprio reflexo nos outros.

9 de outubro

Veja qualidades desejáveis em você mesmo

Coloque-se numa posição confortável. Feche os olhos. Relaxe o corpo. Visualize uma pessoa que você admira ou pela qual se sente atraído. Pergunte-se que qualidades você considera mais atraentes nessa pessoa. Você vê essas mesmas qualidades em si mesmo? Em caso negativo, procure imaginar que você as possui. Imagine como você olharia, conversaria e agiria. Veja-se em diferentes situações e interações. Pratique essa visualização regularmente enquanto desenvolve essas qualidades desejáveis.

Tenho em mim as qualidades que admiro nos outros.

10 de outubro

A energia espiritual e a energia sexual são complementares

Muitas pessoas ainda sofrem com a ideia errônea de que a energia espiritual e a energia sexual são forças opostas, em vez de aceitar que elas são a mesma força. As pessoas às vezes negam sua sexualidade porque querem se tornar mais espiritualizadas, criando com isso um enorme conflito dentro de si e acabam bloqueando a própria energia que estão buscando. Na verdade, energia espiritual e energia sexual são simplesmente modos de expressar amor por nós mesmos e pelos outros. Ambas são muito poderosas.

Respeito a minha energia sexual como uma força espiritual.

11 de outubro

O poder de criar e de transformar

Quase todos nós nos tornamos mestres em reprimir a nossa energia sexual. Temos medo de nós mesmos e de onde nossa energia sexual pode nos levar. Sabemos por instinto que a nossa energia sexual tem o poder de criar e de transformar, e que não há nada seguro, estável ou imóvel a respeito dela. Temos medo disso e assim, em vez de confiar em nossos instintos naturais, aprendemos a reprimi-los. À medida que nos sentimos mais à vontade com o nosso poder interior, porém, mais facilmente a nossa sexualidade pode se expressar com naturalidade.

Minha energia sexual tem o poder de criar e de transformar.

12 de outubro

Cura sexual

Escreva todas as suas crenças negativas, pensamentos e medos sobre sexo. Feito isso, feche os olhos e veja-se entregando os medos ou crenças negativas ao seu poder superior. Respire profundamente e relaxe. Ao completar o exercício, escreva afirmações correlatas que se contraponham às crenças negativas relacionadas. Use essas afirmações regularmente. Se você tem medos ou bloqueios profundos que parecem não estar se curando, deixe que sua intuição o oriente na descoberta de um bom terapeuta ou grupo de apoio para ajudá-lo. Imagine a si mesmo e a sua vida livres dessas velhas crenças e fluindo com energia amorosa.

Minha vida é ilimitada e flui com energia amorosa.

13 de outubro

Sinta sem agir

Por um dia, uma hora ou pelo tempo que desejar, faça de conta que você não tem ideias preconcebidas sobre suas sensações sexuais e sobre o que deveria ou não fazer com elas. Apenas sinta-as, sem achar que precisa fazer alguma coisa com elas.

Desfrute a experiência de sentir-se como um ser sensual, sexual, sem precisar provar ou fazer qualquer coisa. Mantenha a atenção no seu corpo e aproveite a sensação da força da vida dentro de você.

Eu sinto a força da vida dentro de mim.

14 de outubro

Um lugar de inocência

Quando nos libertamos das nossas regras, limitações e revoltas, temos condições de descobrir o nosso fluxo sexual natural. Podemos então nos dirigir a um lugar de inocência com a nossa sexualidade. Podemos sentir a nossa energia como pureza, como a força do universo movimentando-se através de nós. Podemos começar a confiar e a sentir a nossa energia sexual sem a influência de ideias preconcebidas. Isso nos ajudará a ser espontâneos.

Sou inocente e espontâneo.

15 de outubro

A nossa vida é cheia de sexualidade

Olhar para uma flor ou manter um contato visual momentâneo com alguém pode ser tão prazeroso e estimulante como um encontro sexual. A nossa vida está repleta com a sensualidade do universo. Algumas experiências podem nos ajudar a senti-la mais intensamente do que outras. Quando nos abrimos para a nossa sensualidade, sentimos mais intensamente a paixão da vida.

Sinto a sensualidade do universo a cada momento.

16 de outubro

Ouvindo a nós mesmos

Quando nos sentimos atraídos por alguém, ficamos atemorizados com seus julgamentos ou suas expectativas. Entregamos o nosso poder. Em vez de confiar na nossa intuição e de nos expressarmos diretamente, muitas vezes depositamos a nossa confiança num conjunto de normas sobre como devemos nos comportar. Ficamos ansiosos, pensando: "Se eu disser isso, ele ou ela poderá não gostar." Procure dizer exatamente o que você pretende. Faça o que deseja naquele momento, e não o que você acha que os outros esperam. Seja honesto consigo mesmo. Assim podemos aprender a confiar em nós mesmos e a encontrar a verdadeira intimidade com os outros.

Confio em mim mesmo.

17 de outubro

Explore sem expectativa

O fato de saber que você aceita as suas sensações em qualquer momento lhe dá a liberdade e a segurança para explorar a sua energia sexual sem a expectativa de que isso deve ser feito de maneira "correta". Há medos, ansiedade e incerteza em torno do sexo quando começamos a explorar a nossa energia. Todos esses sentimentos sobem à superfície para ser curados. Podemos aceitá-los sem criticar a nós mesmos. Quanto mais conseguirmos aceitar esses sentimentos, mais suave será o processo de exploração.

Todos os meus sentimentos são válidos.

18 de outubro

Expresse os seus sentimentos

Se você quer fazer amor e o seu companheiro não quer, ou vice-versa, preserve e expresse os sentimentos que você tem. Em seguida procure compreender realmente os sentimentos do seu parceiro. Se possível, veja se vocês dois podem descer da superfície e identificar os sentimentos mais profundos que estão envolvidos.

Pode ser que você e seu companheiro precisem conversar sobre alguma mágoa ou rancor que não foi expresso. Ou um de vocês talvez precise ficar sozinho por algum tempo. Continue mantendo e expressando o que você sente para que a energia possa fluir livremente.

É seguro para mim preservar e expressar as minhas sensações sexuais.

19 de outubro

Uma forma diferente de sensualidade

Esteja aberto para expressar uma forma de sensualidade diferente da habitual. Essa energia pode levar você e o seu parceiro a simplesmente sentarem juntos, deitarem lado a lado, tocarem-se, massagearem-se, dançarem ou fazerem alguma outra coisa que não seja normalmente considerada como sexo, mas que pode trazer a mesma satisfação. Seja verdadeiro a respeito dos seus sentimentos, que as ações adequadas irão emergir.

Se nessa ocasião você não tiver um parceiro, seja criativo para encontrar meios para expressar a sua sensualidade individualmente ou com um amigo através da dança, da massagem, em meio à natureza ou o que quer que lhe sirva de inspiração.

Expresso o meu amor e a minha sensualidade de muitas maneiras.

20 de outubro

Unir e separar

Todos os seres têm um anseio profundo por se unir a outro ser. Quando sentimos amor mútuo e atração por outra pessoa, nós nos unimos energeticamente com ela e vivemos um momento de felicidade. Depois precisamos nos separar novamente para restabelecer o nosso sentido de identidade. Muitas vezes isso é difícil, pois tendemos a nos apegar ao estado de união, temendo que se nos afastarmos dele nunca mais o encontraremos e nos sentiremos sós. Assim ficamos unidos pela metade, e acabamos nos ressentindo por sentir que não temos um espaço pessoal próprio. Às vezes brigamos para criar a separação. Precisamos aprender a separar com clareza e honestidade, estabelecendo nossos limites e ocupando o espaço que necessitamos. Um bom relacionamento é uma dança constante de união e separação.

Eu me uno em profundidade e êxtase; eu me separo e assumo meu próprio espaço com clareza e facilidade.

21 de outubro

As chaves para a intimidade

Uma relação começa a ficar estagnada quando as pessoas não se dispõem mais a dizer uma para a outra como se sentem realmente. Logo que se apaixonam, as pessoas ficam ansiosas por expressar seus sentimentos porque querem se conhecer e a dependência ainda não se manifestou. Assim que esta se instala, as pessoas muitas vezes deixam de compartilhar seus verdadeiros sentimentos, ou começam a manipular, com medo de que a relação se desfaça. Para manter um relacionamento renovado e forte como no princípio, continue partilhando seus sentimentos diretamente, embora possa ser um pouco assustador fazer isso. A vulnerabilidade e a honestidade são as chaves para a intimidade.

Compartilho os meus sentimentos honestamente com as pessoas que amo.

22 de outubro

Seja verdadeiro consigo mesmo

A paixão desaparece quando não estamos mais abertos aos nossos sentimentos, quando sacrificamos a nossa verdade para ficarmos ligados ao outro. Para sentir paixão, precisamos primeiro ser verdadeiros com nós mesmos e depois honestos com os demais.

A paixão numa parceria advém da intimidade verdadeira e recíproca. Quando nos tornamos um canal aberto para os nossos sentimentos, também nos transformamos num canal aberto para a paixão e para a alegria que podem fluir através de nós.

Sou verdadeiro comigo mesmo e honesto com os outros.

23 de outubro

Comunicação clara

Eu descobri uma coisa muito interessante. Quando me comunico com confiança e diretamente, sem censurar ou julgar, e digo tudo o que quero de fato dizer, a reação da outra pessoa se torna irrelevante. Ela pode não fazer exatamente o que eu quero, mas me sinto tão segura e fortalecida por cuidar de mim mesma que fica mais fácil não me preocupar com o resultado. Se continuo sendo honesta e vulnerável com os meus sentimentos em relação ao meu parceiro, à minha família e aos meus amigos, não vou terminar com necessidades ocultas e ressentimentos.

Estou aprendendo a me comunicar honestamente, sem censuras e sem julgamentos.

24 de outubro

Peça o que precisa, e então deixe fluir

Quando você cuida de si mesmo pedindo com clareza e diretamente o que necessita, é muito provável que consiga o que pede. Se não, o passo seguinte é deixar fluir. Recolha-se no seu santuário interior, entre em sintonia com a sua intuição e ouça o que ela lhe diz para fazer em seguida. Deixe sempre que ela o leve a uma conexão mais profunda consigo mesmo e com o universo.

Peço o que preciso e não me prendo aos resultados.

25 de outubro

O relacionamento se desenvolverá

Precisamos estar dispostos a deixar que os nossos relacionamentos se revelem a nós. Sendo verdadeiros com nós mesmos, expressando-nos completa e honestamente, a relação se desenvolverá ao seu modo peculiar e fascinante. Você nunca sabe exatamente para onde ela o conduzirá. Ela muda de humor, sabor e forma de minuto a minuto, de dia a dia, de ano a ano. Às vezes ela aproximará mais os dois envolvidos, às vezes ela os distanciará, mas cada estágio no relacionamento pode ser uma aventura quando confiamos no universo.

As minhas relações se desenvolvem de modo peculiar e especial.

26 de outubro

Há algo para aprender

Muitas vezes as pessoas se perguntam o que fazer quando estão envolvidas num relacionamento monogâmico e se sentem atraídas por uma terceira pessoa. Normalmente, quando bloqueamos a energia e negamos a atração, descobrimos que ela se torna um problema ainda maior. É melhor sermos honestos conosco e com o nosso companheiro sobre os sentimentos. Precisamos sondar profundamente dentro de nós mesmos para ver o que mais nos atrai nessa outra pessoa. Talvez seja uma qualidade pouco desenvolvida em nós mesmos ou em nosso relacionamento principal. A situação pode fortalecer esse relacionamento principal se estivermos dispostos a aprender com ela e se agirmos com integridade. Se necessário, procure um orientador que possa ajudá-lo.

Estou disposto a aprender e crescer com cada experiência.

27 de outubro

Continue dizendo a verdade

Quando quero ser honesto, pedir o que desejo e partilhar os meus sentimentos abertamente, sempre descubro que a verdade subjacente a cada situação é a mesma para todos os envolvidos. No início, pode parecer que eu queira uma coisa e a outra pessoa queira algo diferente. Se ambos continuamos dizendo a verdade como a sentimos, mais cedo ou mais tarde descobriremos que podemos ter o que realmente queremos. Podemos confiar que o universo nos quer felizes e realizados. Dizemos a verdade a nós mesmos; dizemos a verdade um ao outro. Isso é amor.

O universo quer que eu seja feliz e realizado.

28 de outubro

Eu me comprometo comigo mesmo

Esteja eu me relacionando ou não com outra pessoa nesse momento, estou sempre numa relação comigo mesmo! É importante firmar um compromisso comigo — para amar, respeitar, obedecer e valorizar o meu próprio ser. Para alguém que amo, prometo fazer o melhor que posso para dizer a verdade, partilhar meus sentimentos, assumir responsabilidade por mim mesmo, respeitar e manter a ligação que sinto com essa pessoa.

Estou comprometido comigo mesmo.

29 de outubro

Deixe que a forma mude

Quando não sabemos como deixar que a forma de um relacionamento mude enquanto ainda respeitamos o amor e a ligação subjacentes, esse fato traz sofrimento à relação. Quando você está profundamente envolvido com outra pessoa, esse vínculo dura para sempre. Depois de aprender bastante com a convivência com alguém, a energia entre vocês pode diminuir até um ponto em que não precisam mais interagir tanto no nível da personalidade, se é que essa necessidade ainda existe. Entretanto, o vínculo entre os dois espíritos permanece forte. Às vezes a energia volta a se renovar em outro nível.

Mudar a forma é natural e
seguro para o meu relacionamento.

30 de outubro

Comunicação honesta pode ajudar

Mudanças em um relacionamento às vezes nos deixam com um sentimento de culpa, decepcionados e magoados. Não sabemos como partilhar nossos sentimentos efetivamente, e então reagimos cortando nosso vínculo com a outra pessoa. Isso provoca um sofrimento real, porque estamos nos separando dos nossos sentimentos profundos. As mudanças podem ser menos dolorosas e até enriquecedoras quando nos comunicamos com honestidade e confiamos em nós mesmos durante o processo.

Encaro a mudança com honestidade e confio em mim mesmo.

31 de outubro

Todo ser é livre para escolher a quem amar

Para algumas pessoas, o envolvimento numa relação intensa com uma ou várias pessoas do mesmo sexo representa um processo de autoconhecimento muito forte. Penso que muitas dessas coisas são mistérios que só compreenderemos em retrospecto, mas acredito que cada ser escolhe o caminho de vida e os relacionamentos que o ajudarão a crescer mais rapidamente.

Tenho uma forte sensação de que, em um nível espiritual, relacionamentos homossexuais ou bissexuais são um passo importante que alguns seres dão para romper velhos papéis e estereótipos rígidos com o objetivo de encontrar sua própria verdade. O propósito fundamental em todo relacionamento é cada um de nós crescer e evoluir.

Aceito e respeito o direito de escolha de cada um.

1º de novembro

Uma obra-prima em execução

O mundo físico é criação nossa: cada um de nós cria sua própria versão do mundo, sua realidade particular, sua experiência de vida única. Como estou criando a minha vida, posso olhar para a minha criação para obter uma avaliação sobre mim mesmo. Do mesmo modo que um artista observa sua última criação para ver o que está bom e o que não está, aperfeiçoando assim as suas habilidades, podemos contemplar a obra-prima em execução da nossa vida para avaliar quem somos e verificar o que ainda precisamos aprender.

A minha vida é criação minha.

2 de novembro

Sem acasos

Eu admito que *tudo* na minha vida é reflexo meu, criação minha; não há acasos ou eventos que não tenham relação comigo. Se vejo ou sinto algo, se isso tem algum impacto sobre mim, então a minha alma atraiu ou criou o fato para me mostrar alguma coisa. Se ele não espelhasse alguma parte de mim, eu nem mesmo seria capaz de vê-lo. Todas as pessoas da minha vida são reflexos dos vários personagens e energias que vivem dentro de mim.

Tudo na minha vida é reflexo meu.

3 de novembro

Tudo é um presente

Eu sempre procuro não desanimar diante dos reflexos que vejo. Sei que nada é negativo. Tudo é um presente que me conduz ao autoconhecimento — afinal, estou aqui para aprender. Se eu já fosse perfeito, não estaria aqui. Por que eu deveria irritar-me comigo mesmo quando vejo coisas das quais não tinha consciência? Seria como uma criança do primeiro ano do ensino fundamental ficar frustrada porque ainda não está na faculdade. Procuro manter uma atitude compassiva com relação a mim mesmo e ao meu processo de aprendizado. Na medida em que consigo fazer isso, o aprendizado se torna divertido e realmente bastante interessante.

Estou aqui para aprender.

4 de novembro

Nossa principal criação

O nosso corpo é a nossa principal criação, o veículo que escolhemos para nos expressar no mundo físico. Olhando para o nosso corpo, ouvindo-o e sentindo-o, podemos ler uma grande quantidade de coisas sobre os nossos padrões de energia espiritual, mental e emocional. O corpo é o nosso principal mecanismo de *feedback* que pode nos mostrar o que está e o que não está dando certo na nossa maneira de pensar, de expressar e de viver.

Estou aprendendo com o meu corpo.

5 de novembro

Confie no seu corpo

É seguindo o fluxo natural da nossa energia que começamos a ter um corpo bonito. Fomos ensinados a desconfiar do nosso corpo e a vê-lo como algo que precisa ser controlado. Confie em si mesmo. Durma o quanto quiser. Fique na cama se precisar de mais repouso. Expresse-se fisicamente de modos que o deixem satisfeito consigo mesmo. Coma o que o seu corpo deseja e siga o seu coração. Se confiar no seu corpo, você saberá o que é melhor para você.

Confio no meu corpo.

6 de novembro

Crenças sobre nosso corpo

Quase todos nós temos crenças negativas sobre o corpo e sobre os alimentos que ingerimos. É importante examinar essas crenças e aumentar a nossa consciência sobre o que dizemos a nós mesmos. Escreva todas as suas crenças sobre comida e sobre o seu corpo. Escreva tudo que lhe ocorrer, mesmo que não faça sentido ou pareça desarticulado. Continue escrevendo; quanto mais, melhor. Tornando essas crenças mais palpáveis, damos um passo muito importante na direção da nossa cura.

Posso observar as minhas crenças negativas com segurança.

7 de novembro

Origem das crenças

Examine as suas crenças atuais sobre o seu corpo. Procure lembrar onde você aprendeu algumas delas pela primeira vez. Foi com os pais, com os irmãos, com a professora ou com um amigo? Não se estresse para definir a origem de todas as suas crenças. Apenas considere as que o afetam mais profundamente e observe as relações e lembranças que vêm à superfície. Sinta as emoções associadas a essas lembranças e libere-as conscientemente.

É um ato de coragem e de amor a si mesmo examinar as origens das suas crenças, senti-las conscientemente e soltá-las. O resultado final é uma sensação nova de liberdade e leveza.

Sinto-me mais leve e mais livre.

8 de novembro

Tempo de soltar

Depois de identificar as crenças sobre o seu corpo que não lhe servem mais, é hora de livrar-se delas. Entenda que elas o serviram durante anos. Agradeça-lhes o serviço que lhe prestaram e faça-as saber que você quer abandoná-las. Sinta o alívio e a liberdade de ser quem você é agora.

À medida que abandono o antigo caminho, um novo se revela para mim.

9 de novembro

Concentre-se naquilo que você gosta

Frequentemente nos preocupamos com o que precisamos mudar em nós mesmos. Ficamos esperando a perfeição antes de nos amarmos totalmente. Você pode mudar essa programação autocrítica voltando a atenção para o que você aprecia em você mesmo e avaliando-se positivamente. Aprecie a beleza no seu corpo e concentre-se nas qualidades que admira em si mesmo. Seu corpo responderá a essa apreciação tornando-se cada vez mais bonito.

Vejo muitas coisas em mim que aprecio.

10 de novembro

Agradeça ao seu corpo

Coloque-se numa posição confortável e feche os olhos. Imagine uma energia de cura entrando por suas mãos; coloque as mãos sobre a parte do corpo que parece precisar da sua atenção. Envie cura e amor a essa área. Leve as mãos para outra área. Descubra um modo de apreciar cada parte sua e agradeça ao seu corpo o fato de ele estar com você todos esses anos, seguindo seus desejos e servindo-o. Se quiser, coloque uma música do seu gosto e use velas ou flores enquanto realiza esse ritual.

Meu corpo é meu amigo.

11 de novembro

Tratamentos de beleza

Realize coisas por você mesmo regularmente, coisas que lhe permitam sentir que você está cuidando de si mesmo de modo muito especial e beneficiando o seu corpo.

Durante um banho ou ducha quente, visualize a água relaxando-o, acalmando-o e curando-o totalmente. Imagine qualquer problema dissolvendo-se ou sendo levado pela água; nada resta, a não ser o seu brilho natural irradiando de dentro de você.

Passe um creme no rosto e no corpo, dispensando-se muita atenção amorosa, afirmando que a sua pele está ficando cada vez mais macia e mais bonita.

Faço regularmente coisas agradáveis para o meu corpo.

12 de novembro

Ritual para as refeições

Sente-se com o prato na sua frente. Feche os olhos, relaxe e respire profundamente. Em silêncio, agradeça ao universo esse alimento e agradeça a todos os seres que ajudaram a produzi-lo, inclusive as plantas e os animais, às pessoas que o cultivaram e às que o prepararam para você.

Abra os olhos e olhe para o alimento; observe realmente sua aparência e sinta seu cheiro. Comece a comer lentamente, apreciando integralmente o sabor. Diga a si mesmo que esse alimento está sendo transformado em energia vital para o seu uso. Imagine-se ficando mais saudável e mais bonito como resultado da ingestão desse alimento.

Ao terminar a refeição, reserve um momento para apreciar a sensação agradável que emana do seu estômago por ele estar satisfeito e feliz.

Eu aprecio o meu alimento.

13 de novembro

Exercício físico

Qualquer que seja o tipo de exercício físico que faça, você pode usar visualização e afirmação criativas que o ajudem a obter dele o máximo em termos de benefício e prazer.

Por exemplo, se você gosta de correr, imagine-se correndo veloz, leve e incansavelmente. Se gosta de dançar ou pratica yoga, coloque a atenção no corpo, nos músculos; imagine-os relaxando e alongando; veja-se tornando-se cada vez mais capaz até chegar à excelência.

Gosto de exercitar o meu corpo. Sou forte, ágil e fisicamente apto.

14 de novembro

O verdadeiro pai e mãe dos seus filhos é o universo

O universo é o verdadeiro pai e a verdadeira mãe dos seus filhos. Você é simplesmente o canal. Quando mais você seguir a sua própria energia e fizer o que for melhor para você, mais o universo se manifestará a todos os que estão à sua volta através de você. Quando você prospera, os seus filhos prosperam.

O universo cuida de mim e das pessoas que amo.

15 de novembro

Os pais precisam continuar a crescer

Para muitos pais, ter filhos acaba sendo uma desculpa conveniente para abandonar o próprio crescimento. Eles passam a maior parte do tempo com a atenção voltada para os filhos, cuidando para que cresçam e aprendam adequadamente. Mas ao assumir a responsabilidade pela vida das crianças, muitas vezes abandonamos a responsabilidade por nós mesmos, esquecendo que os filhos responderão positivamente quando escolhemos viver a nossa vida procurando nos desenvolver o máximo possível.

Assumo a responsabilidade pelo meu próprio crescimento.

16 de novembro

Sinta o ser grandioso dentro de você

Dedique este dia à contemplação da verdadeira beleza, grandeza e magia que existem dentro de você e das outras pessoas. Coloque-se numa posição confortável. Feche os olhos, relaxe e respire profundamente algumas vezes. Represente ou imagine alguém que você ama à sua frente. Olhe nos olhos da pessoa e sinta o ser grandioso dentro dela. Use o tempo necessário para receber sentimentos, ideias ou impressões sobre a verdadeira identidade desse ser. Transmita a ele seu respeito e admiração. Imagine que a pessoa também comunica respeito e admiração a você.

Respeito a mim mesmo e as pessoas que amo como seres humanos grandiosos.

17 de novembro

Todos nós temos poder de cura

Uma parte da nossa consciência está diretamente ligada à consciência das outras pessoas. Como essa é também a nossa ligação com a onipotência e a onisciência divinas, significa que todos nós temos um poder de cura extraordinário que podemos acessar à vontade. Basta que um de nós possua o poder de curar para que, de fato, todos tenham o mesmo poder, e todos nós recebemos esse poder da mesma fonte sublime.

Eu tenho o poder de curar.

18 de novembro

Meditação de cura

Relaxe profundamente. Pense em si mesmo como um canal límpido pelo qual flui a energia de cura do universo. Da maneira mais clara possível, imagine ou pense em alguém que quer ser curado e pergunte o que ele gostaria que você fizesse por ele nessa meditação. Visualize-se dissolvendo qualquer problema que possa existir no corpo, na mente ou no coração da pessoa; veja tudo sendo curado e em perfeito funcionamento. Envolva a pessoa com luz dourada de cura. Veja-a radiante, saudável e feliz. Lembre-lhe que ela é um ser perfeito. Quando sentir que a meditação está concluída, abra os olhos.

Sou um canal límpido para a energia de cura do universo.

19 de novembro

Confiança no nosso fluxo natural

Desde pequenos fomos ensinados que nos expressar e atender as nossas necessidades de modo natural não eram atitudes aceitáveis socialmente. Como consequência, aprendemos a reprimir muitos dos nossos desejos naturais, provocando conflito e desequilíbrio em nosso sistema e revolta em nosso corpo e espírito. Muitas vezes reagimos acionando alguma válvula de escape. O nosso corpo reage a esse desequilíbrio ganhando ou perdendo peso, tensionando-se ou desenvolvendo alergias e vícios. Ansiamos por todo tipo de coisa que normalmente não desejaríamos se seguíssemos o nosso fluxo natural.

Agora temos os instrumentos para voltar a nos relacionar com os nossos desejos naturais, para respeitar a voz do nosso espírito, a voz de nossa intuição, que nos diz o que é melhor para nós.

Sigo o fluxo dos meus desejos naturais.

20 de novembro

Disponha-se a receber ajuda

Saiba que todos nós adotamos alguma forma de vício para evitar entrar em contato com os nossos sentimentos e o nosso poder. A cura para isso é começar a confiar em nós mesmos e no universo. Precisamos estar cada vez mais dispostos a entrar em contato com os nossos sentimentos vulneráveis e com a nossa força. Para quem é viciado em drogas, comida ou álcool, a ansiedade física supera toda forma de consciência. O corpo e a droga bloqueiam a voz do espírito. Essas pessoas precisam de ajuda e apoio. Um orientador profissional ou um grupo de apoio, como Alcoólicos Anônimos, Narcóticos Anônimos ou Comedores Compulsivos Anônimos, podem ajudar a pessoa a se abster de drogas ou do excesso de comida. Assim o corpo tem a oportunidade de ser curado e o espírito de se fazer ouvir.

Disponho-me a receber ajuda de outras pessoas.

21 de novembro

Vício é controle

Quanto maior a nossa dificuldade em confiar na nossa energia natural, mais provavelmente manifestaremos alguma dependência, como o uso excessivo de café, álcool, alimentos pouco saudáveis, drogas, excesso de trabalho e relacionamentos dependentes. Muitas pessoas têm medo de ser "impetuosas demais" ou "muito fracas" aos olhos dos outros. O vício se torna um meio de frustrar ou de reprimir o nosso poder.

Quando desenvolvemos confiança no universo, o nosso poder e a nossa criatividade deixam de ser uma sobrecarga. Aprendemos que nos entregar a esse poder superior é o caminho da cura. Podemos sentir o êxtase de ser uma coisa só com o fluxo natural do universo.

Confio na minha energia natural.

22 de novembro

Assertividade é fundamental

Quando temos medo de ser assertivos, de expressar os nossos verdadeiros sentimentos, talvez comecemos a usar substâncias para dar voz a esses sentimentos ou então para reprimi-los. O processo de assertividade é fundamental. Quando respaldamos os nossos sentimentos com ação, criamos força e proteção interiores. Nós nos sentimos seguros ao nos deparar com situações novas, sabendo que seremos capazes de dizer "não" a qualquer coisa que não nos faça bem e "sim" ao que nos faz crescer. Sabemos que seremos verdadeiros conosco e que cuidaremos bem de nós mesmos.

É seguro para mim afirmar meus sentimentos verdadeiros.

23 de novembro

Uma epidemia do vício em trabalho

A nossa cultura tem obsessão por realizar e produzir. A consequência é que temos uma epidemia do vício em trabalho em que a maioria exige de si mesma muito mais do que é necessário ou saudável. Precisamos aprender a relaxar, a nos cuidar e a equilibrar trabalho com lazer e prazer.

Dou a mim mesmo permissão para relaxar e me divertir.

24 de novembro

Dê uma contribuição ao mundo

É comum as pessoas imaginarem o que vão ser quando crescerem. O que irão fazer? Qual é o seu verdadeiro propósito? Cada um de nós tem um propósito e é um canal para o universo. Quando seguimos nossa verdade interior, a vida se torna criativa e transformadora. Damos uma contribuição ao mundo simplesmente sendo nós mesmos a cada momento.

Dou uma contribuição simplesmente sendo eu mesmo.

25 de novembro

Trabalho e lazer podem ser a mesma coisa

Quando você segue a sua energia e faz o que lhe parece certo, momento a momento, a distinção entre trabalho e lazer tende a desaparecer. Trabalho não é mais o que você *tem* de fazer e lazer o que você *quer* fazer. Quando faz o que gosta, você pode trabalhar e produzir como nunca, mas sentirá tanto prazer e alegria no que faz, que às vezes a sensação é de lazer.

Eu me divirto com o meu trabalho.

26 de novembro

A maior recompensa

Não é preciso haver categorias rígidas na nossa vida — isto é trabalho, aquilo é lazer. Deixe que tudo se junte no fluxo que segue a orientação do universo; o dinheiro entrará como resultado do canal aberto criado. Você não trabalhará mais apenas para ganhar dinheiro ou para sua subsistência. O prazer que advém da expressão de si mesmo se torna a maior recompensa. O dinheiro chega como um elemento natural desse processo.

Quando expresso a mim mesmo, o dinheiro flui através do meu canal.

27 de novembro

Trabalhando e recebendo dinheiro

Para algumas pessoas, trabalhar e ganhar dinheiro talvez não tenham mais relação direta. Você faz o que quer fazer e o dinheiro entra na sua vida. Não se trata mais de trabalhar e ser pago por isso. As duas coisas podem acontecer simultaneamente na sua vida, mas não necessariamente numa relação direta de causa e efeito.

Sigo a minha energia e o universo cuida de mim.

28 de novembro

Gratidão

Em nosso caminho de autodesenvolvimento, às vezes examinamos o nosso crescimento com um olho no que ainda precisamos adquirir. É muito importante, porém, estar atentos ao que já conseguimos.

Faça uma lista de agradecimento. Escreva os modos como você mudou e os presentes que a vida lhe ofereceu. Agradeça a sua dedicação ao seu crescimento pessoal. Considere como a sua família e os seus amigos contribuíram para que você chegasse até este ponto do seu caminho. Inclua as pessoas que serviram como grandes espelhos e professores na sua cura.

Feche os olhos. Sinta e visualize todas as coisas maravilhosas que aconteceram, todos os presentes que você tem agora na sua vida, e agradeça cada um deles de todo o seu coração.

Sou agradecido de todo coração!

29 de novembro

Entre em sintonia com o seu propósito superior

Esse é um bom momento para rever as suas visualizações passadas e verificar quantas delas já se manifestaram na sua vida. Enquanto você continuar a expressar gratidão pelo que conseguiu, a sua capacidade de usar a visualização criativa se expandirá e se tornará uma força criadora poderosa. Você descobrirá que entrou numa sintonia muito mais profunda com o seu propósito superior e está cada vez mais consciente dele.

Observe os elementos que tendem a recorrer nos seus sonhos, objetivos e fantasias e as qualidades peculiares das coisas que você faz e cria. São sinais importantes do significado subjacente e do propósito da sua vida.

Estou em contato com o propósito da minha vida.

30 de novembro

Reconheça o seu propósito superior

Todos nós sabemos no nosso coração qual é o nosso propósito superior, mas muitas vezes não o reconhecemos conscientemente. Na verdade, muitas pessoas parecem fazer de tudo para escondê-lo delas mesmas e do mundo. Temos medo do poder, da responsabilidade e da luz que vêm com o reconhecimento e a expressão do nosso verdadeiro propósito na vida. Às vezes temos medo de que esse propósito signifique renunciar a tudo que nos traz conforto e amor. De fato, o nosso propósito superior e a nossa maior alegria estão sempre em perfeita sintonia.

Conheço e expresso o meu propósito superior.

1º de dezembro

Uma grande experiência de aprendizado

A vida está sempre tentando nos estimular na direção da nossa própria evolução e desenvolvimento. Isso ocorre de muitas maneiras diferentes. Com efeito, toda experiência e acontecimento da nossa vida fazem parte desse processo. A maioria das pessoas está relativamente inconsciente desse fato. Elas são participantes passivos em sua jornada evolucionária, ou até mesmo resistem ativamente a ela, se a vida não segue da maneira que elas acham que deveria seguir. A partir do momento em que tomamos consciência de que a vida é uma grande experiência de aprendizado, fica mais fácil cooperar com o processo. Podemos participar ativamente da nossa própria cura e crescimento e dar-lhes apoio.

Acolho toda experiência como parte da minha evolução.

2 de dezembro

Escolha bem seus professores

Felizmente, vivemos numa época em que há muitos instrumentos, técnicas, professores, orientadores e mentores que podem nos ajudar ao longo do caminho. É importante escolher cuidadosamente as pessoas que podem exercer influência sobre nós. Lembre que todos têm suas limitações e defeitos humanos, mesmo os aparentemente mais evoluídos ou iluminados.

Podemos aprender muito e receber considerável apoio das outras pessoas, contanto que não entreguemos nosso poder a ninguém. É essencial manter autoridade absoluta em nosso interior.

Posso aprender com os outros ao mesmo tempo em que confio na minha própria percepção do que é apropriado para mim.

3 de dezembro

Participe do mundo

Quase todas as tradições espirituais, tanto do Oriente como do Ocidente, recomendam certo grau de renúncia ao mundo. Relacionamentos, dinheiro, posses materiais, prazeres e luxo são vistos como tentações que nos afastam do nosso desenvolvimento espiritual.

Nós que queremos ser buscadores espirituais e agentes de transformação devemos agora participar do mundo *com o mesmo grau de comprometimento* com o nosso eu espiritual como participaríamos se tivéssemos renunciado ao mundo. Esse caminho é muito mais difícil!

Mantenho-me profundamente unido a mim mesmo enquanto vivo inteiramente no mundo.

4 de dezembro

Acolha a vida

O desafio que temos hoje é o de render-nos ao universo, de seguir sua orientação, e de fazer isso *ao mesmo tempo em que* mantemos relacionamentos profundos e apaixonados, lidamos com dinheiro e negócios, com a família, com projetos criativos e com tantas outras coisas "mundanas". Chegou um tempo em que em vez de evitar nossos apegos ao mundo, precisamos aceitá-los e trabalhar com eles. Precisamos *ir ao encontro* da situação que nos desafia, entrar em contato e aceitar todos os sentimentos e apegos, e aprender a acolher toda a multiplicidade das nossas experiências.

Acolho todos os aspectos da vida.

5 de dezembro

Somos responsáveis pela nossa jornada

Quando as pessoas morrem, consciente ou inconscientemente elas estão escolhendo deixar este corpo físico. No plano físico, pode parecer que elas são vítimas de acidente ou de uma doença grave, mas espiritualmente elas são responsáveis pela própria jornada. A alma delas sabe o que está fazendo, mesmo que a personalidade delas não saiba. Quando passa a acreditar nisso, você também sentirá telepaticamente e aliviará a sua dor pela perda. É possível prantear, mesmo sabendo que a pessoa amada escolheu esse caminho nesse momento, assim como você escolherá o seu caminho e o seu momento.

Sou responsável pela minha jornada.

6 de dezembro

Mudança das nossas atitudes mais profundas

O uso da visualização criativa pode se tornar um processo de crescimento profundo e decisivo. Muitas vezes descobrimos as maneiras pelas quais nos encolhemos, deixando que os nossos medos e conceitos negativos nos impedissem de obter satisfação e realização na vida. O processo de mudança que ocorre não acontece num nível superficial, pelo mero pensamento positivo. Ele envolve a investigação, a descoberta e a mudança das nossas atitudes mais básicas e profundas com relação à vida.

Eu estou investigando, descobrindo e mudando.

7 de dezembro

Enfrente os seus medos

Se você tem muitas emoções fortes relacionadas com a consecução de um objetivo, você pode ser levado a trabalhar contra si mesmo. Nesse caso, pode ser mais eficaz e apropriado trabalhar primeiro os seus sentimentos sobre o assunto. Talvez você precise examinar bem o seu medo relacionado com o alcance ou não do objetivo. Afirmações e processos de esclarecimento podem ajudá-lo a se sentir mais confiante e seguro.

Tomando consciência das emoções e dos medos associados ao seu desejo, você alcança uma maior paz consigo mesmo. Paradoxalmente, isso quase sempre prepara o caminho para a consecução do objetivo original.

Estou enfrentando os meus medos.

8 de dezembro

Seja flexível

Seguir com o fluxo significa ter sempre em mente o seu ponto de chegada, e no entanto apreciar todas as belas paisagens que você encontra ao longo do caminho. Se a vida começa a conduzi-lo numa outra direção, esteja pronto a mudar o seu ponto de chegada. Seja flexível. Saboreie todas as surpresas que a vida lhe traz; então ela lhe propiciará surpresas cada vez mais maravilhosas.

Estou pronto para as surpresas da vida.

9 de dezembro

Tudo se desenrola perfeitamente

Ao usar a visualização criativa, você descobrirá que a sua capacidade de manifestar se exercerá até o ponto em que você estiver alinhado com o seu propósito superior. Se você tenta manifestar alguma coisa, mas não consegue, talvez a manifestação pretendida não seja apropriada ao padrão subjacente e ao sentido da sua vida. Tenha paciência e continue entrando em sintonia com o seu guia interior. Em retrospectiva, você verá que tudo se desenrola perfeitamente.

Tudo se desenrola perfeitamente.

10 de dezembro

Siga as suas sensações intuitivas

Observe o que acontece quando você duvida das suas sensações, reprime-as ou age contrariando-as. Você perceberá a energia diminuindo, os sentimentos perdendo força ou se fragilizando, e dor física ou emocional. Depois observe o que acontece quando você segue as suas sensações intuitivas. Normalmente, o resultado é um aumento de energia e de poder e uma sensação de fluxo natural. Quando você se unifica consigo mesmo, o mundo se torna pacífico, estimulante e mágico.

Estou seguindo a minha intuição e a minha vida me traz realização.

11 de dezembro

Ouça a mensagem

Se você está se sentindo cansado ou doente, descanse. Seu corpo sempre vai querer descansar e acalmar se está doente. Quando estiver tranquilo, pergunte ao seu corpo o que você precisa fazer para curar-se. Ele pode lhe dizer para mudar determinados hábitos, comer alimentos mais saudáveis ou expressar alguns sentimentos. Pode lhe dizer para deixar o emprego ou consultar um médico. Ele pode ter alguma outra mensagem para você, mas sempre há uma resposta disponível. A chave é perguntar e ouvir honestamente a resposta.

Eu ouço o meu corpo.

12 de dezembro

A terra é o nosso corpo coletivo

Se você está preocupado com assuntos do meio ambiente, pense nisto: a Mãe Natureza simboliza o aspecto feminino e maternal de nós mesmos. O desrespeito e a falta de harmonia com a natureza só são possíveis numa sociedade de indivíduos que desrespeitam e menosprezam sua própria natureza feminina intuitiva. Se você está sintonizado com seu guia interior, dificilmente chegará a um desequilíbrio grave com o meio ambiente natural. Em certo sentido, a terra é o nosso corpo coletivo. O modo como a tratamos espelha o modo como tratamos o nosso próprio corpo.

Estou em harmonia com o meu corpo e com a terra.

13 de dezembro

Amor à nossa terra

A falta de respeito e de sintonia com o nosso corpo é demonstrada num nível global pelo modo como tratamos o corpo do nosso planeta. À medida que aprendermos a confiar no nosso corpo e a amá-lo, a ouvir os seus sinais, a alimentá-lo, a dar-lhe descanso e carinho, a cessar de poluí-lo com drogas e alimentos prejudiciais, a parar de tentar controlá-lo com nossas regras e ideias artificiais, acredito que seremos capazes de tratar o corpo da nossa terra com a mesma atenção e respeito.

Cuido da terra do mesmo modo que cuido do meu corpo.

14 de dezembro

A abundância é o nosso estado natural

Há mais do que o suficiente para as necessidades de cada ser humano sobre a terra, se estamos dispostos a abrir a mente para essa possibilidade. Ainda não sentimos o nosso mundo com toda sua riqueza e abundância porque não estamos totalmente abertos para a verdadeira natureza do universo. Acreditamos na inevitabilidade da pobreza e da escassez, e ainda não entendemos que o poder supremo da criação está nas mãos, na mente e no coração de cada um de nós.

Estou me abrindo para a verdadeira abundância da vida.

15 de dezembro

Aprecie a terra

Imagine-se num ambiente natural adorável. Demore-se imaginando todos os detalhes admiráveis. Comece a caminhar e explorar, descobrindo ambientes cada vez mais belos e maravilhosos, de grande variedade — montanhas, florestas, desertos, mares. Aprecie essa terra magnífica em que vivemos. Imagine um mundo cheio de pessoas vivendo com simplicidade, mas também com abundância, em harmonia uns com os outros e com a terra.

Estou aprendendo a viver em harmonia com a terra.

16 de dezembro

À medida que mudamos, o nosso mundo muda

Como o mundo externo é realmente o nosso espelho, à medida que mudamos, ele também deve mudar. Você pode ver isso facilmente na sua vida pessoal. À medida que desenvolve o hábito de confiar e de cuidar de si, aos poucos você vai abandonando velhos padrões. Em pouco tempo você pode perceber que os amigos, os familiares e outras pessoas ao seu redor parecem estar agindo de maneira diferente, também refletindo essa mudança.

O mundo é meu espelho.

17 de dezembro

A mudança individual influencia a consciência coletiva

Toda consciência individual faz parte da consciência coletiva. Quando um número de indivíduos, pequeno mas significativo, passa para um novo patamar de consciência e muda realmente suas crenças e seu comportamento, toda a consciência coletiva sente essa mudança. Então, todos os demais indivíduos movimentam-se na direção dessa mudança. O processo todo pode começar com um único indivíduo que dá o primeiro salto.

*À medida que eu me transformo,
o mundo também se transforma.*

18 de dezembro

A transformação se propaga rapidamente

A transformação começa com um indivíduo e se expande para o mundo. Quanto mais você confia na sua intuição e age a partir dela, quanto mais vive e aceita os seus sentimentos, mais a energia do universo pode se expandir através de você. Todos os que estão ao seu redor se beneficiarão com a sua energia. Ela os cura e os transforma. Por sua vez, eles se tornam canais mais eficazes para todos os que estão na sua esfera de influência, e assim a transformação se propaga rapidamente pelo mundo todo.

A minha energia cura e transforma os outros.

19 de dezembro

O mundo é reflexo nosso

Algumas pessoas acreditam que para mudar o mundo, tudo o que precisamos fazer é pensar mais positivamente sobre ele e visualizar a mudança que desejamos. Visualização e afirmação são recursos efetivos, é certo, mas há mais do que isso.

Se o mundo é nosso espelho, tudo o que vemos nele reflete de certo modo o que está em nós. Precisamos assumir a responsabilidade pelo que vemos e transformá-lo dentro de nós mesmos, se queremos ver mudanças no mundo.

Assumo a responsabilidade pelo meu mundo externo assumindo a responsabilidade pelo meu mundo interno.

20 de dezembro

Curar a nós mesmos e ao mundo

Observe os aspectos sociais, políticos e ambientais à sua volta que desencadeiam a reação mais emocional em você. Pergunte-se como eles talvez reflitam os seus problemas pessoais, os seus medos, crenças e padrões.

Peça ao poder superior do universo que anule e cure a ignorância, o medo e a limitação que existem em você e no mundo. Visualize regularmente a sua vida e o mundo como você gostaria que fossem. Peça ao seu orientador interno que o leve a ver com clareza se há alguma ação específica que você precise realizar para curar a si mesmo e ao mundo. Confie sempre e siga a sua intuição.

O poder superior do universo está curando a mim e ao mundo.

21 de dezembro

Uma luz brilhante na escuridão

Quando estamos dispostos a admitir e curar qualquer forma de violência, pobreza e desequilíbrio dentro de nós como indivíduos, começamos a erradicar esses problemas do mundo.

A cura não acontece num nível pessoal ou planetário se ocultamos ou negamos os nossos sentimentos. Os sentimentos, crenças e padrões emocionais devem ser levados à luz da consciência para ser transformados. Quando a luz brilha na escuridão, a escuridão desaparece.

Aceito e acolho a minha escuridão e a minha luz.

22 de dezembro

Somos todos cocriadores

Não se acuse nem se culpe pelos problemas do mundo. Nenhum de nós é verdadeiramente responsável pela vida dos outros. Estamos todos cocriando este mundo juntos, e estamos todos fazendo isso com conhecimento limitado. Estamos aqui para aprender, e aprendemos mais com o que é imperfeito do que culpando-nos por essas imperfeições.

Podemos adotar uma atitude positiva de responsabilidade dizendo: "Quero aprender a confiar e a seguir a minha própria verdade interior, sabendo que ao fazer isso livro-me do sofrimento e do medo dentro de mim, e assim ajudo a curar o sofrimento e o medo no mundo."

À medida que curo a mim mesmo,
ajudo a curar o mundo.

23 de dezembro

Fazendo o que amo

Se você confia na sua intuição e segue o seu coração, dirigindo-se para onde a sua energia o leva e fazendo o que quer realmente fazer, você verá que as suas ações têm um efeito positivo sobre a mudança do mundo. Para muitos, isso incluirá uma ação social e política direta. As pessoas à sua volta serão afetadas por sua energia e vitalidade mais do que por suas palavras e ações.

Agora estou fazendo o que amo.

24 de dezembro

O espírito de doação

Durante esta manhã, reserve alguns minutos para refletir sobre o modo como você doa a si mesmo ao mundo. Com frequência somos levados pelo frenesi de comprar e dar *coisas*.

Observe como você doa admiração, amizade, energia, tempo, amor, afeição e os próprios talentos e habilidades especiais durante o ano. Agradeça o fato de ter enriquecido a vida de outras pessoas. Passe algum tempo amando a si mesmo pela luz de doação que você é.

Agradeço a mim mesmo por tudo o que dou.

25 de dezembro

Sua própria divindade

Na quietude da meditação, fique com sua própria divindade. Extasie-se sentindo a sua unidade com o universo. Em algum ponto do seu caminho de vida você tomou consciência de que a vida é muito mais do que as coisas que você percebe apenas com seus sentidos físicos. No exato momento em que você tomou essa consciência, a espiritualidade nasceu em você.

Celebro o nascimento da minha espiritualidade.

26 de dezembro

O que você cria retorna

Tudo o que você tenta criar para outra pessoa sempre voltará para você. Incluem-se aqui tanto ações amorosas, benéficas e de cura, como atos destrutivos. Naturalmente, isso significa que quanto mais você usa a visualização criativa para amar e servir aos outros e ao seu próprio bem maior, mais amor, felicidade e sucesso chegarão a você.

Eu crio o bem maior para mim mesmo e para os outros.

27 de dezembro

O universo chega através de muitos canais

Quando sentimos atração por alguém, ela pode se manifestar como um rápido olhar ou como uma breve conversa com um estranho. Ela pode também ser um contato prolongado — um relacionamento profundo que persiste por muitos anos. Em um caso como no outro, o que testemunhamos é o universo em ação. Nesses encontros, vemos o universo chegando até nós constantemente através de muitos canais diferentes.

Vejo o universo em cada pessoa que encontro.

28 de dezembro

Confie no processo de mudança

Um compromisso verdadeiro não oferece garantias sobre a forma de um relacionamento. Ele mostra que a forma muda constantemente e que nós podemos confiar no processo de mudança. Ele abre a porta para a intimidade verdadeira, criada quando as pessoas compartilham profunda e sinceramente entre si. Se duas pessoas permanecem juntas sobre essa base, elas realmente querem ficar juntas. Elas continuam encontrando intensidade no amor e aprendendo uma com a outra à medida que mudam e crescem.

Confio no processo de mudança.

29 de dezembro

A sua vida é a sua obra de arte

Eu gosto de pensar em mim mesmo como um artista, e a minha vida é a minha maior obra de arte. Cada momento é um momento de criação, e cada momento de criação contém possibilidades infinitas. Posso fazer coisas da maneira como sempre fiz, ou posso considerar todas as alternativas possíveis e tentar algo novo e diferente, e potencialmente mais recompensador. Cada momento apresenta uma oportunidade nova e uma nova decisão.

Que jogo maravilhoso estamos todos jogando, e que forma de arte magnífica...

Minha vida é uma obra de arte.

30 de dezembro

Uma cidade nova mágica

Vejo uma cidade antiga, cinzenta e em ruínas. Ela está se desintegrando, literalmente, com suas velhas estruturas desabando em pilhas de entulho. Mas ela está sendo removida, porque em seu lugar está surgindo uma bela cidade nova. Essa cidade nova é mágica — ela parece reluzir delicadamente com todas as cores do universo. Eu sei que ela está sendo construída dentro de nós. Ela é criada com luz.

A luz dentro de mim cria milagres
na minha vida aqui e agora.

31 de dezembro

Anteveja o futuro

Imagine o seu futuro pessoal como você gostaria que ele fosse em todos os níveis — espiritual, mental, emocional e físico.

Em seguida expanda o seu foco para imaginar o futuro do mundo à sua volta — a sua comunidade, o país, a humanidade, o ambiente natural, o nosso planeta. Deixe que todos reflitam a integração e a plenitude que você encontrou dentro de você. Imagine o novo mundo emergindo e se desenvolvendo de maneira saudável, equilibrada e expansiva.

Antevejo um futuro maravilhoso para mim e para o mundo.

Recursos Recomendados

Livros

Allen, Marc. *A Visionary Life*. New World Library, 1998.

Gawain, Shakti. *Creative Visualization*, edição do 25º aniversário. Nataraj/New World Library, 2002. [*Visualização Criativa*, publicado pela Editora Pensamento, São Paulo, 1990.]

Gawain, Shakti. *Living in the Light,* Edição Revista. Nataraj/New World Library, 1986, 1998. [*Vivendo na Luz*, publicado pela Editora Pensamento, São Paulo, 1991.] (fora de catálogo)

Gawain, Shakti. *The Path of Transformation: How Healing Ourselves Can Change de World,* Edição Revista. Nataraj/New World Library, 1993, 2000.

Gawain, Shakti. *The Four Levels of Healing: A Guide to Balancing the Spiritual, Mental, Emotional, and Physical Aspects of Life*. Nataraj/New World Library, 1997. [*Os Quatro Níveis da Cura*, publicado pela Editora Pensamento, São Paulo, 1999.]

Gawain, Shakti. *Creating True Prosperity*. Nataraj/New World Library, 1997. [*A Conquista da Verdadeira Prosperidade*, publicado pela Editora Pensamento, São Paulo, 1999.]

Stone, Hal e Sidra. *Embracing Our Selves: The Voice Dialogue Manual*. Nataraj/New World Library, 1993.

Stone, Hal e Sidra. *Embracing Each Other: Relationship as Teacher, Healer, and Guide*. Nataraj/New World Library, 1993.

Stone, Hal e Sidra. *Partnering*. Nataraj/New World Library, 1999.

Áudios

Gawain, Shakti. *Living in the Light: Book on Tape.* Edição Revista. Nataraj/New World Library, 1998.

Gawain, Shakti. *Creative Visualization: Book on Tape,* Edição Revista. Nataraj/New World Library, 1995.

Gawain, Shakti. *Creative Visualization Meditations.* Nataraj/New World Library, 1996.

Gawain, Shakti. *The Path of Transformation: Book on Tape.* Versão condensada. Nataraj/New World Library, 1993.

Gawain, Shakti. *The Four Levels of Healing: A Guide to Balancing the Spiritual, Mental, Emotional, and Physical Aspects of Life.* Nataraj/New World Library, 1997.

Gawain, Shakti. *Creating True Prosperity: Book on Tape.* Nataraj/New World Library, 1997.

Stone, Hal e Sidra. *Meeting Your Selves.* Delos, 1990.

Videoteipes

Gawain, Shakti. *The Creative Visualization Workshop Video.* Nataraj/New World Library, 1999.